MEXIKO
RUSSLAND
SCHWEDEN
TÜRKEI
USA

BIRGIT HASSELBUSCH

STERNCHENKÖCHE

Mosaik bei
GOLDMANN

BIRGIT HASSELBUSCH

STERNCHENKÖCHE

Kinder aus aller Welt

machen Appetit auf ihre Lieblingsrezepte

Eltern Mosaik bei GOLDMANN Eltern family

ISABELLA

INHALT

Vorwort 7

China 10

Frankreich 26

Ghana 42

Italien 58

Mexiko 74

Russland 90

Schweden 106

Türkei 122

USA 138

Register 154

VORWORT

»Wieso isst der Junge mit so komischen Stäbchen?« »Wie kriegen die so leckeres Eis hin?« »Warum gibt es hier kein Schwarzbrot?«

Diese Fragen stellte mir meine siebenjährige Tochter – in einem China-Restaurant, einem italienischen Eiscafé und im Frankreich-Urlaub. Und ich habe überlegt: Ja, weshalb ist das so? Warum haben alle Länder etwas Besonderes, etwas Typisches, etwas, das anders ist als bei uns zu Hause in Deutschland?

Um ab sofort immer eine Antwort auf diese Fragen parat zu haben, fing ich an nachzuforschen. Schließlich bin ich Journalistin, und die wollen ja bekanntlich alles ganz genau wissen. Also ging ich auf eine kleine Weltreise und ließ mir von vielen Kindern aus vielen Ländern Geschichten über ihr Land, ihre Sprache, ihre Feste und ihr Essen erzählen. Daraus wollte ich ein Buch machen, aber das schafft man nicht allein. Deshalb habe ich mich riesig gefreut, als der Zeitschriftenredaktion ELTERN Family und dem Buchverlag Mosaik bei Goldmann die Idee für die Sternchenköche genauso gut gefiel wie mir. Und jetzt habe ich so richtig losgelegt: Ich sprach mit *barn* (Kindern) in der skandinavischen Schule in Hamburg, mit *filles et garçons* (Mädchen und Jungs) am Strand von Cassis in Frankreich, mit *bambini* (Kindern) aus Italien in der Pizzeria, war an einer deutsch-türkischen Grundschule, rief meine *amigos* (Freunde) in Mexiko an, sang im Kindergarten mit der Freundin meiner Tochter aus Ghana, bestellte Chop Suey beim Chinesen, interviewte mein amerikanisches Patenkind und ging in den russischen Kultur-Club Samowar.

Viele, viele Kinder und auch ihre Eltern lieferten Interessantes, Neues und Lustiges aus ihrer Heimat:

Wusstet ihr zum Beispiel, dass es in Frankreich 360 Käsesorten gibt, dass warm auf Italienisch »*caldo*« heißt oder dass die Mexikaner am »Tag der Toten« Särge aus Zuckerguss essen? Hier könnt ihr es nachlesen.

Vielleicht fragt ihr euch dabei dann, wie wir die neun Länder für dieses Buch ausgewählt haben – schließlich gibt es auf der Welt noch etliche mehr. Wir haben gemeinsam überlegt, mit welchen ausländischen Kindern man am häufigsten zusammenkommt und welche Sprache uns auch hier im Alltag begegnet. Und wer weiß, vielleicht gibt es ja irgendwann einen »Nachschlag« der Sternchenköche, dann vielleicht mit Spanien, Griechenland oder Australien. Doch bevor ich dann wieder auf »Weltreise« gehe, bedanke ich mich erst mal bei all den Kindern, die jetzt mitgemacht und geduldig meine vielen Fragen beantwortet und mir Einblick in ihre Welt gegeben haben. Ihr seid zwar nicht alle fotografiert worden, aber in den vielen kleinen Texten im Buch könnt ihr eure Geschichten wiederfinden.

Also noch mal: *Xie-xie, merci, me da wo ase`, grazie, gracias, spasiba, tack så mycket, tesekkür, thanks* – und natürlich **danke**!

Hoffentlich schmecken euch die Sternchenköche auch so gut!

Eure Birgit Hasselbusch

China

China China

JANA, 6 JAHRE

SCHMATZ, RÜLPS, SCHLÜRF

Schmatzen und schlürfen – das gehört sich ja eigentlich nicht so. Kinder in China dürfen das, sie sollen es sogar tun. Denn wenn ein Chinese Schmatzgeräusche macht, dann bedeutet das, dass es ihm schmeckt.

Jana: »Als mein Cousin nach Deutschland gekommen ist, hat er am Anfang immer seinen Suppenteller schräg gehalten und den Rest laut rausgeschlürft und auch mal gerülpst, weil man das in China so macht. Hier haben wir ihn alle ganz komisch angeguckt. Er fand das Essen eben so lecker. Jetzt versucht er, leiser zu schlürfen.«

Pssst!

Leise sein ist schwierig für die Chinesen, zumindest beim Essen. Da reden meistens alle so laut durcheinander, dass man sein eigenes Wort nicht versteht. In der Schule allerdings dürfen die Kinder ungefragt keinen Mucks sagen. Alle müssen still und mit geradem Rücken auf ihren Stühlen sitzen, und wenn der Lehrer in die Klasse kommt, stehen alle auf und rufen: »Guten Morgen!«

Jana: »Mein Freund hat mir mal erzählt, dass er einen sehr strengen Lehrer hatte, bei dem die Kinder auch in der Pause nichts essen und trinken durften. Als mein Freund mal ein bisschen Quatsch gemacht hat, musste er sich gleich in die Ecke stellen. Er freut sich immer, wenn die Mathelehrerin kommt, die findet er nämlich viel netter.«

Pauken ohne Ende

Lernen tun die kleinen Chinesen fast rund um die Uhr. Bis nachmittags sind sie in der Schule, und danach gibt es für zu Hause noch mehr Hausaufgaben. Zeit für Freunde ha-

Chinesen essen schon von klein auf mit Stäbchen, Glückskekse aber auch mit der Hand.

Wánli Chángchéng: Das ist die chinesische Mauer, sie ist mit 6350 km Länge das größte Bauwerk der Welt.

ben sie eigentlich nur am Wochenende. Dafür sind im Winter vier und im Sommer acht Wochen Ferien. Die Eltern haben aber nur sehr wenig Urlaub, einige gerade mal eine Woche im Jahr.

Jana: »Mein Onkel hat mal eine Reise nach Europa gemacht. Da waren sie an acht Tagen in sieben Städten. Überall sind sie mit dem Bus hingefahren und haben dann viele Fotos gemacht, weil sie immer nur so wenig Zeit hatten. In Berlin waren sie zwei Stunden, und mein Onkel meinte, dass er da schon gerne drei Stunden geblieben wär.«

Sattelfest

Nach der Schule werden viele Kinder von ihren Eltern mit dem Fahrrad abgeholt. Zwar gibt es in den lauten Großstädten immer mehr Autos, aber durch viele kleine Gassen passt man nur mit dem Rad. Auf dem Land haben sowieso alle ein Fahrrad.

Jana: »Fahrradhelme trägt man in China nicht. Ich habe noch nie ein Kind gesehen, das so einen Helm aufhatte. Die Kinder sitzen ja meist auf dem Gepäckträger, also hinten drauf. Jetzt weiß ich ja, wie gefährlich das ist. Deswegen bringe ich meinem Cousin beim nächsten Mal einen Helm mit, einen roten. Die Farbe Rot bedeutet in China nämlich, dass man reich und glücklich wird.«

Schlangen und Schwalben

Glückskekse mit Weisheiten darin kennt jedes deutsche Kind aus dem Chinarestaurant. Zu essen gibt es in China aber auch Dinge, die etwas ungewöhnlich klingen: gebratene Schlangen zum Beispiel. Einige Chinesen essen auch Hundefleisch – vor allem, weil viele so arm sind, dass sie sich nichts anderes leisten können. In Restaurants steht Hundefleisch aber nicht mehr auf der Speisekarte. Eine besondere Delikatesse sind Schwalbennester. Die Schwalben sondern beim Nestbau Proteine, Kalzium und Eisen ab.
Die Nester werden nicht nur gerne gegessen, sondern gelten in China auch als Medizin, zum Beispiel gegen einen Kater, also wenn man zu viel getrunken, Verzeihung: geschlürft hat!

MEIN LAND

LI, WU UND HUANG

Versucht mal, bis 1,3 Milliarden zu zählen. So viele Einwohner hat die Volksrepublik China, mehr als jedes andere Land auf der Welt.

Viele Chinesen heißen Li, Wu oder Huang. Das ist so wie bei uns Müller, Meier oder Schmidt. Jeder Name hat im Chinesischen eine Bedeutung, meist nennt man seine Kinder nach Blumen, Edelsteinen oder Tieren.

Jana: »Vielleicht habt ihr euch schon über meinen Namen gewundert. Typisch chinesisch ist der natürlich nicht. Aber ich bin ja in Deutschland geboren, da haben mir meine Eltern einen deutschen Namen gegeben. Das mit den Namen ist in China anders. Da steht der Nachname nämlich immer vorne. Der Nachbar meiner Oma heißt Herr Wang, und den nenne ich Wang Xiangsheng, denn Xiangsheng heißt Herr. Dame heißt Nüshi.«

Der Tempel ist in vielen Religionen ein Heiligtum.

3000 Jahre Schriftkultur: Die ältesten chinesischen Schriftzeichen wurden in Rinderknochen und Schildkrötenpanzer geritzt.

Schreiben? Die malen ja!

Die meisten Menschen dort sind Han-Chinesen und sprechen Hochchinesisch, auch Mandarin genannt, die Sprache, die auf der Erde am häufigsten gesprochen wird. Wenn man aus Deutschland nach China kommt, versteht man kein einziges Wort, weil die Schrift ganz anders ist. Da stehen nicht Buchstaben, sondern Schriftzeichen, wie kleine Kästchen aus Strichen, die wie Bilder aussehen.

Ma ma ma ma

Wichtig ist im Chinesischen auch die richtige Betonung, denn es gibt einige Wörter, die mehrere Bedeutungen haben. *Ma* steht beispielsweise für Mutter, Kraut, Pferd, schimpfen und eine Frage. *»Ma ma ma ma«* heißt also, wenn man es richtig betont: »Schimpft die Mutter mit dem Pferd?« Ganz schön kompliziert! 4000 Zeichen müsste man kennen, um ein Buch lesen zu können.

Hallo und Tschüss

Aufpassen sollte man, wenn man in China auf Deutsch »Tschüss« sagt. Ein chinesisches Wort wird nämlich so ähnlich ausgesprochen, heißt aber: »Geh sterben.« Auch sollte man einem Chinesen keine Uhr schenken, denn das bedeutet: »Deine Zeit ist abgelaufen.« Dabei sind die Chinesen doch so höflich, streiten sich möglichst nicht in der Öffentlichkeit und drücken beim Händeschütteln nicht zu doll zu.

Jana: »Mein Onkel arbeitet in einem Lebensmittelladen. Da ist mal ein Deutscher reingekommen und hat in fließendem Chinesisch nach den Preisen gefragt. Mein Onkel hat einen Taschenrechner herausgeholt und ihm mit Händen und Füßen die Preise gezeigt. Dabei sprach der Deutsche doch Chinesisch! Das konnte mein Onkel einfach nicht glauben, dass ein Ausländer diese schwierige Sprache kann. Wenn jemand ›*ni hao*‹, also ›hallo‹ sagen kann, finden das die Chinesen schon super.«

Ni hao sieht als Schriftzeichen übrigens so aus:

你好

DAS IST TYPISCH CHINESISCH

STÄBCHEN

Ein bisschen wackelig ist es schon, wenn chinesische Kinder mit etwa fünf Jahren anfangen, mit Stäbchen zu essen. Sie kriegen das aber fast in die Wiege gelegt.
Alle Chinesen essen mit Stäbchen. Das haben sie schon vor langer Zeit gemacht, als alle anderen noch mit den Händen gegessen haben. Außerdem gibt es dort ja keine Schweinshaxe, sondern klein geschnittenes Gemüse und Fleisch. Dafür braucht man kein Messer und keine Gabel.

Mit Stäbchen essen finden die Chinesen kinderleicht.

Stäbchen gibt's seit 4000 Jahren, Gabeln erst seit 400 Jahren.

Es gibt Stäbchen aus ganz verschiedenen Materialien, zum Beispiel aus Bambusrohr, Holz oder Silber. Besteck sehen die Chinesen als Werkzeug an, und das, finden sie, gehört nicht auf den Tisch.

Habt ihr Tesafilm?

Jana: »Als mein deutscher Freund mal bei uns zu Mittag gegessen hat, haben wir ihm auch Stäbchen gegeben. Zuerst konnte er das gar nicht, weil sie ihm immer aus der Hand geflutscht sind. Meine Mutter kennt aber einen Trick: Sie hat ihm die Finger einfach mit Tesafilm zusammen und an die Stäbchen geklebt, und dann ging es ganz gut. Das war echt witzig!«

Stäbchen für Anfänger

Am besten klemmt man das eine Stäbchen zwischen der Daumenwurzel und dem Mittelfinger fest. Ähnlich wie bei einem Stift. Das andere wird mit Daumen und Zeigefinger angefasst und ist beweglich. Zuerst landet oft mehr neben als im Mund. Wer nicht geduldig genug ist, kann auch Besteck nehmen.

Jana: »Ich habe, als ich ganz klein war, mit dem Löffel gegessen, und dann hat meine Oma mir beigebracht, mit Stäbchen zu essen. Üben durfte ich mit Popcorn, das ging sehr leicht und war auch noch lecker.«

Auch Reis kann man gut mit Stäbchen essen, weil der meist klebrig ist. Und die Muskeln kommen dabei in Bewegung: 30 Stück sind beim Stäbchenessen im Einsatz.

KLEINE REIS-KUNDE

GANZ VIEL REIS

Die Chinesen haben viele Sprichwörter, eins davon lautet: »Eine Mahlzeit ohne Reis ist keine Mahlzeit.«

Was für viele Menschen das tägliche Brot ist, das ist in China der Reis. Auch wenn ein Reiskorn winzig klein ist – der Aufwand, bis es auf den Tellern landet, ist umso größer.
100 bis 250 Tage wachsen die Reispflanzen im Wasser. Danach wird der Reis per Hand gesammelt und getrocknet, entweder in der Sonne oder in Trommeln aus Draht. Dann müssen die Körner aus den Ähren gelöst und später geschliffen, gesiebt, gesäubert und poliert werden.

Jana: »Ich mag am allerliebsten den Klebreis. Daraus macht meine Oma kleine Bällchen mit Gemüse oder Fisch drin. Das finde ich gut, weil man die auch mit den Fingern essen kann.«

Rund 8000 Sorten gibt es, zum Beispiel Basmati-Reis. Und dazu die Arten: Langkorn, Mittel- und Rundkornreis. Zur Begrüßung sagen viele Chinesen: »Haben Sie heute schon Reis gegessen?«

Reis oder Leis?

Jana: »Als wir nach Deutschland gekommen sind, haben meine Freunde ein bisschen über meine Mutter gelacht, weil sie statt Reis immer ›Leis‹ gesagt hat. Wir haben in China ja kein ›R‹, deswegen ist es schwer, das auszusprechen. Es stimmt aber nicht, dass wir das überhaupt nicht können. Ich konnte das gleich, und meine Mutter hat es inzwischen auch gelernt. Obwohl wir alle bei ›Leis‹ immer ganz schön gekichert haben.«

Was wird aus mir? Reiskuchen oder Nasi Goreng?

MEIN LIEBLINGSGERICHT NR.1

REISSUPPE »SHANGHAI«

(Zutaten siehe unten)

Reissuppe oder »*Congee*« essen Chinesen eigentlich zu jeder Tages- und Nachtzeit – sogar zum Frühstück!

1 *Vom Schweinefilet Fett und Haut entfernen. Das Fleisch zuerst in Scheiben, dann in feine Streifen schneiden. In der Schüssel mit 2 Esslöffeln Sojasauce, dem Ingwer und 1 Teelöffel Sesamöl vermischen, 5 Minuten durchziehen lassen.*

2 *Lauch putzen (also oberstes Drittel und Wurzelansatz wegschneiden und die oberste Blattschicht abziehen). Lauchstange dann in etwa 3 Zentimeter lange Stücke schneiden, die Stücke der Länge nach halbieren und in feine Streifen schneiden. Lauchstreifen im Küchensieb waschen und abtropfen lassen.*

3 *500 Milliliter Gemüsebrühe im Messbecher abmessen, in den Topf geben, bei mittlerer Hitze zugedeckt zum Kochen bringen.*

4 *Lauchstreifen, Basmatireis und die Filetstreifen zugeben, alles bei mittlerer Hitze 6-8 Minuten köcheln lassen. Mit den restlichen 2 Esslöffeln Sojasauce und dem zweiten Teelöffel Sesamöl würzen und in Suppenschälchen servieren.*

DAS SIND DIE ZUTATEN FÜR 2 PORTIONEN:
(die asiatischen Lebensmittel gibt's alle im Supermarkt oder im Asia-Laden)

80 g Schweinefilet · 4 EL helle Sojasauce
½ TL Ingwer *(gemahlen)* **· 2 TL Sesamöl**
1 kleine Stange Lauch · 500 ml Gemüsebrühe · 125 g vorgegarter Basmatireis *(gibt's im Supermarkt)*

UND ZUM KOCHEN BRAUCHT IHR:

1 Schneidebrett · 1 Küchenmesser
1 Schüssel · 1 Esslöffel · 1 Teelöffel
1 Küchensieb · 1 Messbecher
1 mittelgroßen Topf mit Deckel

Nach etwa 20 Minuten könnt ihr loslöffeln!

MEIN
LIEBLINGSGERICHT NR.2
TSINGTAO-FRÜHLINGSRÖLLCHEN

(Zutaten siehe rechts)

A

B

C

Diese knusprigen Röllchen essen die Chinesen besonders gern am Neujahrstag.

1 *Pflaumenmus mit Sojasauce und 2 Esslöffeln frisch gepresstem Limettensaft (A) in einem Schüsselchen mit der Gabel gründlich vermischen, Gabel abspülen.*

2 *Erdnusspaste im zweiten Schüsselchen mit Chili-Chicken-Sauce und den restlichen 3 Esslöffeln Limettensaft ebenfalls mit der Gabel vermischen, Gabel wieder abspülen.*

3 *Frühlingsröllchen aus der Tiefkühltruhe nehmen (und vorsichtig trennen, falls sie aneinander kleben). Öl in der Pfanne erhitzen, Frühlingsröllchen hineingeben und 3-4 Minuten braten (B). Dann die Röllchen einzeln mit der Gabel umdrehen und auf der anderen Seite noch einmal 3-4 Minuten braten, bis sie goldbraun und knusprig sind.*

4 *Küchenpapier auf den Teller legen, Pfanne vom Herd nehmen, Frühlingsröllchen mit dem Pfannenwender herausnehmen und auf dem Küchenpapier abtropfen lassen. Auf Teller verteilen und mit den Dips servieren (C).*

Wer mag, kann dazu auch noch knusprige Krabben-Chips, »Krupuk«, servieren: Die gibt's im Asia-Laden!

DAS SIND DIE ZUTATEN FÜR 2 PORTIONEN:
(alle asiatischen Lebensmittel gibt's im Supermarkt oder im Asia-Laden)

2 EL Pflaumenmus · 3 EL Sojasauce · 5 EL frisch gepresster Limettensaft · 1 EL Erdnusspaste · 2 EL Chili-Chicken-Sauce 12 Mini-Frühlingsröllchen mit Gemüsefüllung *(aus der Tiefkühltruhe)* **· 2 EL Öl**

UND ZUM KOCHEN BRAUCHT IHR:

2 kleine Schüsseln · 1 Esslöffel · 1 Saftpresse · 1 Gabel 1 Pfanne · Küchenpapier · 1 Teller · 1 Pfannenwender

Rühren, braten, dippen: nach 20-25 Minuten steht alles auf dem Tisch.

Ingwer und Limetten sind typische Zutaten in der asiatischen Küche.

MEIN LIEBLINGSFEST

CHINESISCHES NEUJAHR

2. Neumond nach der Wintersonnenwende zwischen 21. Januar und 21. Februar

Sonne und Mond

Von nah und fern kommt die ganze Familie zum chinesischen Neujahrsfest zusammen. Viele sparen sich dafür extra den ganzen Jahresurlaub auf. Offiziell sind es drei Feiertage, meist jedoch zwei Wochen.
Gefeiert wird nicht am Neujahrstag, den wir in Deutschland kennen, sondern am zweiten Neumond nach der Wintersonnenwende. Das fällt immer auf einen anderen Tag, weil der chinesische Kalender astronomisch, also nach Sonne und Mond, berechnet wird.

Schwein gehabt

Jana: »Im chinesischen Horoskop gibt es andere Tierkreiszeichen. Jedes Jahr ist eins von zwölf Tieren dran. Da gibt es Hunde, Ratten, Rinder, Tiger und Drachen. Meine

Grüner Tee ist das Lieblingsgetränk der Chinesen. Und manchmal gibt`s ein Schlückchen Reiswein.

Viele chinesische Süßigkeiten werden aus Bohnenpaste hergestellt.

Schwester ist im Schweinejahr geboren, sie hat also Schwein gehabt, denn das bringt Glück.«

Glück bringt es auch, wenn man schon vor dem Neujahrsfest das Haus ordentlich putzt, am besten mit Bambuszweigen.
Außerdem werden rote Lampen aufgehängt mit schwarzen Neujahrssprüchen drauf. In der Neujahrsnacht soll die ganze Familie vor Anbruch der Dunkelheit das Haus verlassen, um das Böse vom alten Jahr wegzulocken. Um 23 Uhr beginnt das neue Jahr, und dann öffnet man alle Fenster und Türen, um das Glück hereinzulassen.

Böller gegen Monster

Jana: »Am tollsten ist immer das Feuerwerk. Richtig laut ist das, und da gehen Heuler, Raketen und Chinaböller in die Luft. Ganz früher hab ich mich vor den riesigen roten Drachen aus Papier gefürchtet. Jetzt weiß ich aber, dass da Menschen drinstecken, die einen Drachentanz machen.«

Mit dem Geknalle soll das Monster Nian verjagt werden. Vor langer Zeit soll es immer in der Neujahrsnacht alles kaputt gemacht haben. Bis man merkte, dass es Angst vor Krach, Feuer und der Farbe Rot hatte.

Rot sehen

Die Kinder freuen sich über rote Umschläge, da steckt Geld drin. Außerdem gibt es zum Neujahr auch wirklich vieles neu: Kleidung, Frisur und Tapeten.

Jana: »Ich freu mich zu Neujahr auch immer aufs Mahjonng-Spielen. Dabei sitzen 4 Leute um einen Tisch und bauen mit Steinen Mauern auf. Es gibt ganz viele Steine, auch mit unterschiedlichen Bildern drauf. Jetzt bin ich groß genug, dass ich auch mitspielen darf.«

Glücksnudeln

Gegessen werden Nudeln, weil die so lang sind und ein langes Leben bringen sollen.
Süßklebrigen Reis opfert man dem Küchengott, und wenn man jemandem ein frohes neues Jahr wünscht, sagt man auch: »Möge dein Reis niemals anbrennen!«

VOKABELN

CHINESISCHER BUCHSTABENSALAT

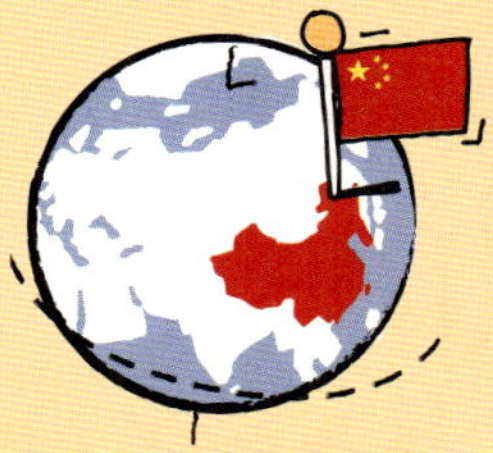

DEUTSCH	CHINESISCH	AUSSPRACHE
Hallo!	你好	ni hao
Wie geht`s?	再见	zai jian
Deutschland	德国	de guo
China	中国	zhong guo
ich	我	wo
du	你	ni
ja	是	shi
nein	不是	bu shi
Reis	米	mi
Bitte!	请	qing
Danke!	谢谢	xie xie
Name	名字	ming zi
Ich habe Hunger.	我饿了	wo er le
Mama	妈妈	ma ma
Papa	爸爸	ba ba
Stäbchen	筷子	kuai zi
Küche	厨房	chu fang
Freund	朋友	pen you
Wie heißt du?	你叫什么名字	ni jiao she mo ming zi
Prost	干杯	gan bei
Ferien	假期	jia qi
kleiner Teufel *Schimpfwort*	小鬼	xiao gui
unartiges Kind	小淘气	xiao tao qi

Frankreich

Frankreich
Frankreich

TYMOTHÉ, 6 JAHRE

BUSSI-BUSSI – KÜSSEN ERLAUBT

Mit zwei Küsschen, eins auf die linke und eins auf die rechte Wange, so wird man in Frankreich begrüßt. Das heißt aber nicht gleich, dass der Küsser in einen verliebt ist. Das machen die Franzosen einfach so. Es gehört dorthin wie der Duft nach Lavendel – das ist die lilafarbene Pflanze, die auf den Feldern blüht.

Tymothé: »Lavendel hilft gegen Motten! Mir hat schon mal eine Motte meinen Pullover kaputt gefressen. Wir haben ein Säckchen mit Lavendel in den Schrank gelegt, und danach blieben alle meine Anziehsachen immer heil. Ihr müsst mal an so einem Beutel riechen – so duftet es in Frankreich!«

Auf den französischen Märkten riecht es nicht nur nach Lavendel, sondern nach den verschiedensten Köstlichkeiten. Die Kinder haben mittwochs schulfrei und gehen dann gerne mit ihren Eltern auf den Markt. Es gibt dort Käse, der so groß ist wie Wagenräder, Brathähnchen und Kräuter der Provence – das duftet ganz wunderbar!
Die Väter setzen sich gerne schnell in ein Café neben dem Markt, trinken ein Schlückchen Kaffee oder den gelben Schnaps, der Pastis heißt. Oder sie lesen, am liebsten in der Sportzeitung.

Wir kugeln uns beim Boule

Tymothé: »Ich durfte mal bei den Großen beim Boule mitmachen. Mein Opa spielt das unheimlich gerne. Ich hatte eine Eisenkugel in der Hand und musste sie so nah wie möglich an eine kleine Kugel heranwerfen. Die heißt *cochonnet*, das finde ich lustig, das bedeutet

Wahrzeichen von Paris: Rund 1700 Stufen geht's den Eiffelturm hoch. Lara war auch schon oben.

nämlich Schweinchen. Meine erste Kugel ist viel zu weit geflogen, bei der zweiten hat es dann aber schon ganz gut geklappt. Da war ich besser als einer der Erwachsenen. Der hatte sogar ein Maßband dabei. Als er gesehen hat, dass seine Kugel wirklich weiter weg lag als meine, hat er geschimpft: ›*Zut alors!*‹, das heißt ›Verflixt noch mal!‹ Ich hab gekichert.«

Rien ne va plus, das heißt: Nichts geht mehr

Die kleinen Franzosen gehen schon mit zwei Jahren bis nachmittags in den Kindergarten, auch wenn die Mütter zu Hause sind und nicht arbeiten gehen.
Abends isst die ganze Familie zusammen, was lange dauern kann bei all den Gängen: Vorspeise, Hauptgang, Käse und Dessert. Da ist man oft so voll, dass man stöhnt: »*Rien ne va plus!*« – »Nichts geht mehr.« Und bis man all das aufgegessen hat, ist es manchmal so spät, dass fast schon wieder das französische Nationaltier kräht: der Hahn.

Kikeriki!

Hahn heißt auf Französisch *coq*, und der ist vor allem beim Sport das Maskottchen der Franzosen. Die Fußballspieler haben einen Hahn auf dem Trikot. Früher haben die Fans sogar oft einen echten Hahn mit ins Stadion gebracht und ihn während der Nationalhymne, der Marseillaise, hochgehalten. Da haben sich die Tierschützer aber ganz schön aufgeregt, weil der Hahn nämlich mit den Flügeln geschlagen hat und ziemliche Angst hatte.
Die Hähne auf der Welt krähen übrigens je nach Land unterschiedlich. In Deutschland macht der Hahn ja »kikeriki«, in Frankreich aber kräht er »*cocorico*.«

MEIN LAND

QUAL DER WAHL

Vive la France heißt es, es lebe Frankreich! Und deswegen bleiben viele Franzosen in den Ferien oft im eigenen Land.

Wenn man Ferien in Frankreich macht, kann man sich nur schwer entscheiden, weil es so viele verschiedene Möglichkeiten gibt:
In den Wellen im Atlantik toben, auf die Bergketten der Pyrenäen oder der Alpen kraxeln, die größte Wanderdüne Europas in Arcachon hinunterrollen, auf den Hausbooten am Canal du Midi fahren, die Pferde in der Camarque reiten, in den Lavendelfeldern der Provence träumen, für 3 Euro eine teure Kugel Eis an der schicken Côte d'Azur schlecken oder auf den Eiffelturm in der Hauptstadt Paris steigen.

Platz für 10 000 Leute und 7800 Orgelpfeifen: Die Kathedrale Notre-Dame in Paris.

Das riecht und schmeckt man: Ohne Knoblauch geht in Frankreichs Küche rien, *also nichts.*

Hupende Enten

Tymothé: »Als ich zum ersten Mal in Paris war, habe ich mich gar nicht über die Straße getraut. Da sind so viele Spuren nebeneinander, und die Autos rasen so schnell und hupen so laut, dass man beinahe Angst bekommt. An der Hand meiner Eltern bin ich dann doch rübergegangen. Ein Citroën hat gebremst. Ich wusste gar nicht, dass die Deutschen das Auto eine Ente nennen. Es sieht aber auch echt aus wie eine Ente.«

Lustige Pinkelpause

Drei Dinge fallen einem auf, wenn man mit dem Auto unterwegs ist: Einmal die Häuschen an der Autobahn. Da muss man Geld dafür zahlen, dass man dort fahren darf. Dann die vielen Kreisverkehre – wenn man die richtige Ausfahrt nicht erwischt, fährt man einfach noch mal um den Kreis herum. Und als drittes die öffentlichen Toiletten, die sind gewöhnungsbedürftig.

Tymothé: »Es gibt ganz viele Kreisverkehre. Einmal bin ich allein mit meinem Opa gefahren und hab ihm gesagt, er soll mal ganz oft um den Kreis fahren. Das hat er auch gemacht, aber irgendwann ist uns schlecht geworden. Witzig, aber auch ein bisschen eklig sind die Toiletten an den Autobahnraststätten. Da muss man in ein Loch reinzielen. Ich hab einmal daneben getroffen. Zu Hause haben die Franzosen aber ganz normale Toiletten, auf denen man richtig sitzen kann.«

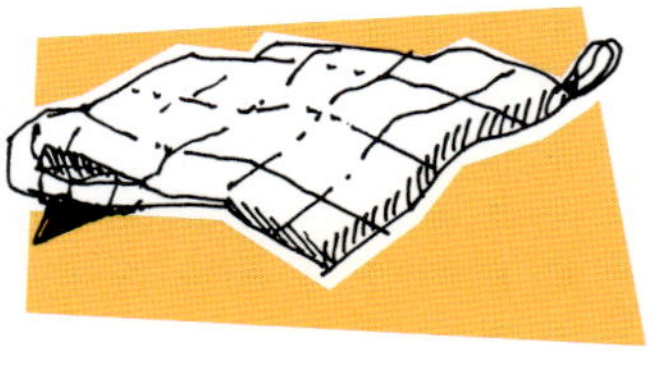

DAS IST TYPISCH FRANZÖSISCH

BEIM BÄCKER

Kroassong! Nein, das ist kein Schimpfwort. So spricht man das aus, was die Franzosen so gerne mögen, Croissants nämlich. Halbmond heißt das, und so sehen die leckeren weichen Brötchen ja auch aus. Der Bäcker formt dafür aus dem Teig ein Dreieck, und das wickelt er auf, bis es die Form eines Croissants hat. Das kann man dann in seinen Milchkaffee tunken.

Tymothé: »Ich mag am liebsten Schokocroissants, die gibt`s bei uns immer zum Sonntagsfrühstück. Sie sind rechteckig mit zwei Schokowürsten drin.
Beim Bäcker ist immer eine total lange Schlange. Ich geh gerne zum Einkaufen zum Bäcker, weil mir das Brot am besten schmeckt, wenn es noch warm ist.«

Croissant, Brioche oder Pain au chocolat: Naschen wie Gott in Frankreich.

Attention! *Vorsicht beim Abbeißen! Nicht, dass hinten etwas rausfällt.*

Angeknabbert: auf dem Weg vom Bäcker nach Hause schon mal probiert.

Backe, backe Baguette

Brotsorten gibt es unendlich viele. Meistens ist das Brot innen weiß, Schwarzbrot ist in Frankreich eher selten. Das berühmteste Brot in Frankreich ist das Baguette, die Stange.

Tymothé: »Noch was zur Aussprache: Brot heißt auf Französisch *pain*, das muss man durch die Nase aussprechen, das klingt dann so wie ›pä.‹ Die Franzosen verschlucken nämlich beim Sprechen viele Buchstaben, deshalb klingt Französisch so anders als Deutsch.«

Feinschmecker oder Vielfraß?

Zwei französische Wörter, die oft durcheinandergebracht werden, sind *gourmet* und *gourmand*. Das Erste ist ein Feinschmecker. Die Franzosen mögen nicht so gerne, dass die Deutschen den *gourmand* mit »Vielfraß« übersetzen. Sie sagen eher, dass das ein Leckermaul ist, das die gute Küche liebt und Croissants und Pains au chocolats und Baisers …

KLEINE KÄSE-KUNDE

ALLES KÄSE

Haltet euch beim Lesen besser schon mal die Nase zu!

Der Käse kann nämlich ganz schön doll stinken, pardon, duften. Außerdem kann er rund sein, viereckig, klein, groß, gerollt oder flach. Über 1000 Käsesorten gibt es in Frankreich. Man könnte also drei Jahre lang jeden Tag einen anderen Käse essen. Aber danach könnte man ihn wahrscheinlich nicht mehr riechen.

Eine Kuh macht muh – viele Kühe machen Käse

Käse wird aus Milch gemacht, entweder von Kühen, Ziegen oder Schafen. Für einen Laib braucht man 840 Liter Milch von 49 Kühen.
Es gibt Frisch-, Schnitt-, Weich- und Hartkäse. Am bekanntesten ist der Camembert. Beim Roquefort ruft ihr vielleicht: »Igitt, da ist ja Schimmel dran. Das Blaue da!« Diesen sogenannten Edelschimmel darf man mitessen, Schwarzschimmel sollte man aber immer abschneiden.
Die Rinde schützt den Käse vor dem Austrocknen, bei manchen Käsesorten schmeckt sie sogar, und man kann sie mitessen.

Ein Käse-Tipp noch: Wer in Frankreich einen Brie anschneidet, sollte das wie bei einem Kuchen tun. Wenn man einfach kreuz und quer schneidet, mögen die Franzosen das gar nicht. Sie nennen es den »coup allemand«, den deutschen Schnitt!

Schlüsselerlebnis

Tymothé: »Kennt ihr den Satz: ›Käse schließt den Magen‹? Als ich das zum ersten Mal gehört habe, habe ich erst mal überlegt, ob da einer mit einem großen Käseschlüssel in meinem Bauch sitzt. Das war natürlich nicht gemeint. Ich hab dann aber herausgefunden, was der Spruch bedeutet. Als ich nämlich einmal ganz viel Käse gegessen habe, konnte ich überhaupt nicht mehr. Da hat wirlich nichts mehr reingepasst. Naja, eine Mousse au chocolat gerade noch, aber sonst nichts.«

Ein Menü ohne Käse ist wie Mousse ohne Schokolade.

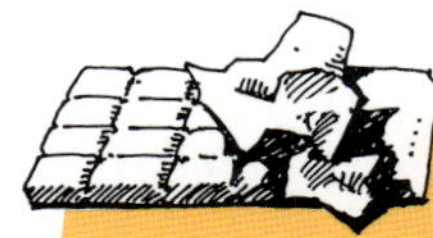

MEIN LIEBLINGSGERICHT NR.1

DIE SCHNELLSTE SCHOKOMOUSSE

(Zutaten siehe unten)

Ganz »echt« macht man die Schokomousse mit Eigelb und Eischnee. Weil das aber viel mehr Arbeit macht (und man dafür rohe Eier verwendet, die Krankheitserreger enthalten können), gibt es hier die mindestens genauso leckere Ruck-zuck-Variante.

1 *Zuerst 120 Milliliter Sahne im Messbecher abmessen, dann 20 Milliliter in den kleinen Topf und den Rest in den Rührbecher gießen.*

2 *Jetzt die 3 Schokoriegel in kleine Stücke brechen und zur Sahne in den Topf geben. Topf auf eine Herdplatte stellen, auf kleine Hitze schalten, die Schokolade in der Sahne in 3-4 Minuten schmelzen lassen und alles mit dem Kochlöffel gründlich vermischen. Topf vom Herd nehmen und die geschmolzene Schokolade 2-3 Minuten abkühlen lassen.*

3 *In der Zwischenzeit den Puderzucker mit dem Esslöffel abmessen, zur Sahne in den Rührbecher geben und alles mit dem elektrischen Handrührer steif schlagen. Die geschmolzene Schokolade zugeben, alles gut vermischen, auf Schüsselchen verteilen – und ab in den Kühlschrank! Nach etwas 1 Stunde Kühlzeit ist die Mousse genau richtig.*

DAS SIND DIE ZUTATEN FÜR 2 PORTIONEN:

120 ml Sahne · 60 g (3 Riegel) Zartbitter-Schokolade *(60% Kakao)* **· 1½ EL Puderzucker**

UND ZUM KOCHEN BRAUCHT IHR:

1 Messbecher · 1 hohen Rührbecher · 1 kleinen Topf · 1 Kochlöffel · 1 elektrischen Handrührer mit Schneebesen · 1 Esslöffel · 1 Messbecher

In 10 Minuten ist die Mousse fertig angerührt – dann muss sie allerdings noch zum Festwerden für mindestens 1 Stunde in den Kühlschrank.

MEIN LIEBLINGSGERICHT NR. 2

MITTELMEER-BAGUETTE

(Zutaten siehe rechts)

Solche leckeren gefüllten Brote kann man sich in Frankreich an kleinen Straßen-Ständen kaufen.

1 *Baguette quer halbieren, dann die beiden Hälften der Länge nach aufschneiden, aber nicht durchschneiden, so dass man sie aufklappen kann. Mit den Händen das weiche Innere der Brote herauslösen.*

2 *Tunfisch aus der Dose in ein Sieb abgießen, in die Schüssel geben und mit der Gabel zerkleinern.*

3 *Knoblauchzehe schälen und durch die Presse zum Tunfisch drücken. Frühlingszwiebeln putzen (also die oberste Blattschicht abziehen und den Wurzelansatz abschneiden), dann waschen und in feine Röllchen schneiden, auch zum Tunfisch geben.*

4 *Jetzt Mayonnaise, Zitronensaft und etwas Salz und Pfeffer in die Tunfischschüssel geben und alles ganz gründlich vermischen.*

5 *Die hart gekochten Eier pellen und in Scheiben schneiden. Die Tomaten waschen, auch in Scheiben schneiden (und die letzte Scheibe mit dem grünen Stielansatz wegwerfen). Die Paprikaschote putzen (also den Stielansatz wegschneiden und Kerne und weiße Häutchen entfernen), dann waschen und in feine Streifen schneiden. Die Eissalatblätter waschen, mit Küchenpapier trockentupfen, große Blätter zerteilen.*

6 *So, jetzt geht's ans Füllen: Zuerst die Brote mit Eissalat auslegen (damit sie nicht so schnell durchweichen), jetzt die Tunfischcreme gleichmäßig darauf verstreichen. Eier- und Tomatenscheiben und Paprikastreifen darauf verteilen. Baguettestücke zusammenklappen, etwas andrücken und auf großen Tellern (mit Servietten) servieren.*

DAS SIND DIE ZUTATEN FÜR 2 PORTIONEN:

1 Baguette (ca. 200 g) · 1 Dose Tunfischfilets *(naturale, Abtropfgewicht 130 g)* **· 1 Knoblauchzehe · 2 Frühlingszwiebeln · 2 EL Mayonnaise · 1 EL Zitronensaft · Salz · Pfeffer · 2 hart gekochte Eier 2 Tomaten · ½ gelbe Paprikaschote · 5 Blätter Eissalat**

UND ZUM KOCHEN BRAUCHT IHR:

1 Schneidebrett · 1 Brotmesser · 1 Küchensieb · 1 Schüssel · 1 Gabel 1 Esslöffel · 1 Knoblauchpresse · 1 kleines Küchenmesser · Küchenpapier

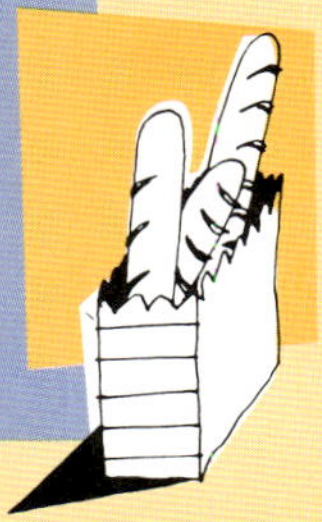

MEIN LIEBLINGSFEST

FRANZÖSISCHER NATIONALFEIERTAG, »QUATORZE JUILLET«, 14. Juli

Blau-weiß-rot sind alle meine Kleider

Am 14. Juli sieht man die Farben blau-weiß-rot fast überall. Die Feuerwerke, die in den Städten am Himmel zu sehen sind, sind die Höhepunkte und passen farblich perfekt dazu. Gefeiert wird, dass das Pariser Volk vor mehr als 200 Jahren ein Gefängnis erstürmt hat, die Bastille. Das war der Beginn der Französischen Revolution. Aus dieser Zeit stammen die berühmten drei Worte: Freiheit, Gleichheit, Brüderlichkeit.

Tymothé: »Ich ziehe mir am Nationalfeiertag eine blaue Hose an, ein weißes T-Shirt und binde mir

Paris nennt man auch die »Hauptstadt der Mode«

Bon appétit!
Guten Appetit!

ein rotes Tuch um. Das sind ja die Farben der französischen Fahne.«

Farbenspiel

Heutzutage lässt man es sich an diesem Tag gut gehen, feiert und tanzt zur Musik auf den Straßen.

Tymothé: »An dem Tag darf ich immer so viel Eis essen, wie ich will. Wir holen uns dann oft eine blaue Schlumpf-, eine weiße Vanille- und eine rote Erdbeereiskugel. An anderen Tagen esse ich aber auch Schokoeis.«

In den Restaurants versuchen sie auch, die Farben auf den Teller zu bringen. Aber das ist bei Fleisch und Gemüse schwierig. Wem fällt ein blau-weiß-rotes Gericht ein?

April, April!

Am Französischen Nationalfeiertag wird viel gelacht, ähnlich wie am 1. April. In Deutschland schickt man da ja die Leute in den April, indem man kleine Streiche macht oder erfundene Geschichten erzählt. In Frankreich nennt sich das »*Poisson d`Avril*«, also: Aprilfisch. Da klebt man jemandem einen Papierfisch auf den Rücken und freut sich, wenn er es nicht merkt.
Am 14. Juli müssen die Fische aus Papier zumindest noch blau-weiß-rot angemalt werden.

Das französische Essen schmeckt immer ein bisschen nach Urlaub.

VOKABELN

FRANZÖSISCHER BUCHSTABENSALAT

DEUTSCH	FRANZÖSISCH	AUSSPRACHE
Hallo!	Salut!	ßalü
Wie geht`s?	Ça va?	ßa wa
Guten Tag!	Bonjour!	bongschur
ja	oui	wie
nein	non	no
Vater	père	pär
Mutter	mère	mär
Ich heiße ...	Je m'appelle ...	schö mapell
Danke!	Merci!	märßi
Entschuldigung!	Pardon!	pardo
Auf Wiedersehen!	Au revoir!	orewoa
Deutschland	Allemagne	almanje
Frankreich	France	frohngß
Brot	pain	pä
Käse	fromage	fromasch
Eis	glace	glass
Hier, schau mal!	Voilà!	woala
mein Freund	mon ami	monami
sehr gut	très bien	tre bjä
Verflixt noch mal!	Zut alors!	sütalorr
blau-weiß-rot	bleu-blanc-rouge	blö-blong-rusch
Nichts geht mehr.	Rien ne va plus.	rijä ne wa plü
14. Juli	quatorze juillet	katorß schüijee
1, 2, 3	un, deux, trois	äng, dö, troa

strawberries

Ghana

Ghana
Ghana

LISA, 8 JAHRE

FRECHE PAPAGEIEN

In Ghana haben viele zu Hause einen Papagei, vielleicht weil der den Eltern immer verrät, was die Kinder wieder angestellt haben?

Lisa: »Wir hatten mal einen Papagei, der war echt eine Petze. Einmal, als Mama und Papa nicht zu Hause waren, habe ich mich mit meiner Schwester gestritten. Ich hab sie an den Haaren gezogen, und sie hat geheult. Als unsere Eltern wiederkamen, hat der Papagei aufgeregt geflattert und etwas gekrächzt, das so klang wie: ›Streiten, Haare, streiten!‹«

Kurze Röcke, lange Zöpfe

Die Kinder haben trotzdem gerne Haustiere. Keine Löwen, Affen oder Elefanten, die es in Ghana gibt, dafür Katzen oder Kaninchen. Die dürfen allerdings nicht mit in die Holzhütten hinein, in denen die Familien leben, sondern bleiben draußen. Nach der Schule kümmern sich die Kinder um sie.

In der Schule muss man viel lernen und auf einiges achten, zum Beispiel, dass bei den Mädchen der Rock der Schuluniform bis übers Knie geht. Auch sind diese kleinen geflochtenen Rasta-Zöpfe in der Schule nicht erlaubt, da muss man eine kurze, glatte Frisur haben. In den Ferien darf man seine Haare aber natürlich tragen, wie man will.

Lisa: »Ich hab ganz krause Haare, und wenn man die kämmt, dann ziept es doll, das tut weh. Deswegen hat meine Mutter mir ganz viele kleine Zöpfe geflochten. Das hat über eine Stunde gedauert! Nach vier Wochen müssen die ganzen Zöpfe wieder raus, dann wird gewaschen und neu geflochten. Ich bin immer froh, wenn das geschafft ist.«

In Ghana würzt man gerne mit Pfeffer, es gibt zehn verschiedene Sorten.

Scharfer Tee aus Ingwer hilft gegen Husten.

Essen und kochen

Zur Schule gehen viel mehr Kinder als früher. Meistens kostet es auch kein Schulgeld mehr. In der Schule wird gefrühstückt und zu Mittag gegessen. Die wichtigste Mahlzeit am Tag ist aber das gemeinsame warme Abendessen, bei dem alle zu Hause zusammensitzen.
Milchreis oder Grießbrei sind sehr beliebt. Beim Abwaschen, Abtrocknen oder Fegen helfen die Kinder. Die Küche kann im Haus oder draußen sein, unter einem Vordach. In manchen Familien gibt es aber gar keinen Herd, geschweige denn einen Fernseher.

Lisa: »Meine Cousine hat eine eigene Kinder-Küche. Ihr Papa hat ihr neben der großen eine kleine aus Metall gebaut. Da können wir richtige Sachen kochen. Die Mama gibt uns was ab, und dann probieren wir, welches Essen besser schmeckt: ihres oder unseres.«

Oh, ist das scharf!

Wer noch nie in Ghana war, dem können beim Essen schon mal die Tränen in die Augen steigen, denn viele mögen es gerne gut gewürzt. Zehn verschiedene Pfeffersorten gibt es. Den Kindern ist es überhaupt nicht zu scharf.

Lisa: »Meine Eltern haben mir erzählt, dass sie mir, als ich noch ein Baby war, ein bisschen scharfe Suppe auf die Zunge geträufelt haben. Das machen viele mit ihren Kindern. Es ist so eine Art Aberglaube, dass die Kinder danach alles Scharfe mögen. Bei mir stimmt das jedenfalls.«

Naturmedizin

Kinder kriegen auch scharfe Tees, zum Beispiel mit Ingwer, das hilft gegen Husten. Und auch sonst kennen ghanaische Mütter viele Tricks, wie sie ihre Kinder mit Heilkräutern, Baumrinden oder Gewürzen wieder gesund kriegen.

MEIN LAND

BIS IN DEN HIMMEL

Stößt ein Baum, der 50 Meter hoch ist, schon an die Wolken? In Ghana gibt es so hohe Bäume, sie sind drei Meter dick und über 300 Jahre alt.

Es gibt dort Kola-, Kautschuk-, Gummi- und Affenbrotbäume. Als Schattenspender für die Kakaobäume werden Bananenbäume gepflanzt. Außerdem gibt es 1200 verschiedene Palmensorten.
Das Land im Westen Afrikas ist tropisch mit Regenwald, Savanne und Küsten. Es hat keine Jahreszeiten, es gibt nur den Wechsel zwischen Regen- und Trockenzeit. Meist ist es schwül-warm.

Lisa: »Mein Cousin wohnt in Accra, das ist die Haupstadt von Ghana. Einmal haben wir ihn besucht, und man konnte kaum gucken, weil so eine dicke Staubwolke in der Luft hing. Das war der Sand aus der Sahara, den hat der Wind über die Stadt gefegt. Harmattan nennt man den. Meine Augen haben danach ganz schön doll gejuckt.«

In Ghana zu Hause: Giraffen, Elefanten, Krokodile und Antilopen.

Zebras leben in Ghana nicht im Zoo, sondern in freier Wildbahn.

Lass dir ruhig Zeit

In Ghana wird jeder mit offenen Armen empfangen, auch Urlauber. Einige Kinder, vor allem aus den Dörfern, haben noch nie einen weißen Menschen gesehen. Das ist für sie noch viel fremder, als es ein Schwarzer für Europäer ist.
So pünktlich wie die Deutschen sind die Afrikaner nicht. Sie haben viel mehr die Ruhe weg und gehen alles langsamer an. Man spricht auch von der sogenannten African Time, der afrikanischen Zeit.

Lisa: »Mein Opa ist Trotro-Fahrer. Ein Trotro ist ein kleiner bunter Bus, in den vielleicht 30 Leute hineinpassen. Der ist billiger als ein Taxi. Dafür gibt es aber keine festen Zeiten, er fährt einfach los, wenn alle Plätze besetzt sind.«

Balance-Akt

Auf den Straßen ist es laut und voll. Da sitzen ältere Leute und spielen Oware, ein Brettspiel mit Löchern und Kugeln. Dazwischen balancieren Frauen Körbe auf dem Kopf. Darin haben sie oft frische Früchte wie Mangos oder Ananas, die sie verkaufen und einem dann direkt vor der Nase aufschneiden. Es gibt auch Kinder, die kein zu Hause haben und auf der Straße wohnen müssen, das sind im Vergleich zu früher aber immer weniger.
Auf den Märkten werden farbenprächtige Stoffe verkauft.

Lisa: »Zieh dir bloß was aus Baumwolle an, wenn du nach Ghana kommst! Weil es dort so heiß ist. Meine Tante näht uns gerne bunte Kleider. Die bunten Farben, die alle anhaben, gefallen mir gut, weil sie so schön leuchten. Am besten finde ich Rot, Gold und Grün, das sind ja auch die Farben unserer Nationalflagge.«

Verstehst du mich?

Fast alle sprechen Englisch, und es gibt noch viele eigene Sprachen. Die häufigste ist Akan mit unterschiedlichen Dialekten.
Was die Menschen in Ghana gar nicht gut aussprechen können, sind »ü«, »ä«, »ö« oder »ch«. Wenn ein Ghanaer also Streichholzschächtelchen sagen soll, könnte sich das lustig anhören.

DAS IST TYPISCH GHANAISCH

TANZEN UND SINGEN

Am Abend wird es lustig. Nach einem langen, harten Tag wird gemeinsam getanzt und gesungen. Dazu treffen sich die Kinder der Straße oder die Kinder eines ganzen Dorfes. Sie stellen sich in einen Kreis und klatschen und singen.

Lisa: »Die Kinder denken sich eigene Lieder aus. Über ihre Familie zum Beispiel. Ich war mal dabei im Urlaub und hab was über meinen Papa und meine Mama gesungen, und alle haben ganz laut geklatscht.«

Der Dorfälteste

Es gibt Kinder, die haben so viele Ideen, dass sie an jedem Abend ein neues Lied parat haben. In den Städten ist diese Sitte etwas seltener geworden. Auf den Dörfern aber freuen sich die Kinder immer darauf. Dort geht es abends nach dem Singen auch oft zum Dorfältesten. Der hält einen goldenen Stab in der Hand. Er ist eine Art Lehrer und der beste Geschichtenerzähler.

Lisa: »Wir sagen immer, das ist unser Häuptling. Es ist wirklich schön, wenn da alle zusammensit-

Elefanten sind Lisas Lieblingstiere. Ihr Bruder Julian mag sie auch.

zen und sich seine Geschichten anhören. Manche stimmen, manche sind ausgedacht. Manchmal weiß man hinterher gar nicht, ob das Erzählte nun wahr war, aber auf jeden Fall sind es schöne Gutenachtgeschichten.«

Trommelfell

Bei Dorffesten sind neben Gesang und Tanz auch verschiedene Instrumente mit im Spiel. Trommeln sind typisch für Ghana. In Kriegen und vor der Erfindung des Telefons wurden sie zum Übermitteln von Nachrichten benutzt.

Die Djembe-Trommel ist kelchförmig und mit Ziegenhaut bespannt, früher hat man Antilopenhaut dafür verwendet. Auf dieser Trommel kann man spitze und peitschende Klänge spielen, je nachdem, wie man die Hände hält. Die Bougarabou-Trommel sieht so ähnlich aus, hat aber einen warmen Klang und ist mit Kuhfell bespannt. Viele Urlauber bringen Trommeln aus Ghana mit. Die gibt es übrigens auch im Mini-Format für Kinder.

Lisa: »Einige Kinder können trommeln, für sie gibt es ja extra kleine Trommeln. Aber die Mädchen spielen trotzdem lieber das Gruppenspiel Ampée. Dabei klatscht man und wirft die Beine in die Luft, und die anderen Kinder müssen es einem nachmachen. Das ist sehr lustig. Den Jungs ist das manchmal ein bisschen peinlich, die spielen dann lieber Fußball, vor allem seit Ghana bei der Fußball-Weltmeisterschaft 2006 in Deutschland so gut war.«

Trauern und Feiern

Auch Beerdigungen verlaufen anders als in europäischen Ländern. Die Menschen feiern trotz der traurigen Nachricht. Oft werden für die Toten spezielle Holzsärge angefertigt, etwa in Form eines Busses für einen verstorbenen Busfahrer oder in Form eines Turnschuhs für einen Sportfan.

KLEINE KNOLLEN-KUNDE

FUFU

Yams, Maniok und Taro – nein, das sind keine Fantasienamen für Comicfiguren!

Das sind urafrikanische Knollen oder Wurzeln. Sie sehen so ähnlich aus wie Kartoffeln, aber in den unterschiedlichsten Formen und Farben. Aus dem stärkehaltigen Yams oder Maniok macht man ein Gericht, das fast jeden Tag gegessen wird.
Fufu heißt dieser klebrige Brei. Kinder können gut bei der Zubereitung helfen, denn man braucht immer zwei dazu: Einer stampft mit einem langen Holzstab die Knolle, und die zweite Person muss den Brei im richtigen Rhythmus wenden. Das ist schwierig, macht aber Spaß.

Leckerer als Pommes

Die Knollen können auch fritiert werden und schmecken dann, so heißt es in Ghana, noch besser als Pommes frites. Als Gewürz darf auch hier Pfeffer nicht fehlen. Gekocht wird oft am offenen Feuer oder über Kohle, und die Töpfe werden mit Blättern der Kochbanane abgedeckt.

Hakuna matata

Wenn die Ghanaer in großer Runde am reich gedeckten Tisch sitzen, dann passt das afrikanische Sprichwort: »*Hakuna matata.*« Das heißt: »Keine Sorgen!«

Die Yams-Knollen nennt man »himmlische Knollen« oder »Wurzeln des Lebens«.

Mit der Hand

Lisa: »In Ghana essen fast alle mit den Fingern. Mit der rechten Hand. Das ist in Ghana erlaubt. In Deutschland gucken die Leute ein bisschen komisch, wenn man das macht. Aber bei uns ist das eben so.«

MEIN LIEBLINGSGERICHT NR. 1

AFRIKANISCHE ANANAS-LIMONADE

(Zutaten siehe rechts)

A

B

C

In Ghana ist es oft sehr heiß – da freuen sich natürlich alle, wenn es zum Essen selbst gemachte, erfrischende Limonade aus tropischen Früchten gibt!

1 *400 Milliliter Ananassaft im Messbecher abmessen und in die Karaffe gießen. 150 Milliliter Orangensaft und 50 Milliliter Limettensaft (beide frisch gepresst, A) zugeben, alles mit dem Kochlöffel gut vermischen.*

2 *Ananasscheibe rundherum schälen, vierteln, den harten inneren Kern wegschneiden, dann das Fruchtfleisch fein würfeln (B). Ananasstücke und Minzzweige (die könnt ihr auch weglassen, wenn ihr keine Minze mögt) in die Karaffe geben, alles im Kühlschrank etwa 30 Minuten durchziehen lassen.*

3 *Vor dem Servieren das kalte Mineralwasser zugeben (C) und alles noch einmal gründlich vermischen. Die Limonade mit einer Schöpfkelle in Gläser füllen und mit Strohhalmen und Teelöffeln (zum Rausfischen der Ananas) anrichten.*

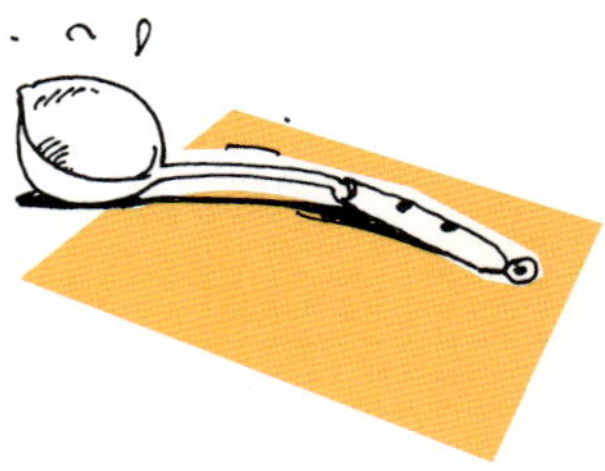

DAS SIND DIE ZUTATEN FÜR 4 GLÄSER:

400 ml Ananassaft *(Fertigprodukt, aus der Flasche)* · **150 ml frisch gepresster Orangensaft · 50 ml frisch gepresster Limettensaft 1 dicke Scheibe Ananas** *(ca. 100 g)* · **2 kleine Minzzweige**

UND ZUM KOCHEN BRAUCHT IHR:

1 Messbecher · 1 Karaffe oder 1 Glaskanne · 1 Saftpresse 1 Kochlöffel · 1 Schneidebrett · 1 Küchenmesser · 1 Schöpfkelle 4 Strohhalme · 4 Teelöffel

Das Schnippeln und Mixen dauert etwa 10 Minuten – und dann muss alles noch für eine halbe Stunde in den Kühlschrank!

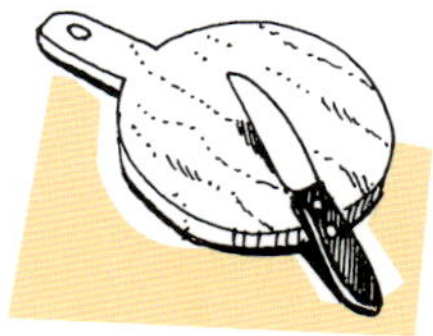

MEIN LIEBLINGSGERICHT NR. 2

FRUCHTSPIESSCHEN MIT ERDNUSS-DIP

(Zutaten siehe unten)

1 *Wassermelone schälen, schwarze Kerne entfernen, dann das Fruchtfleisch in 6 möglichst gleich große Stücke schneiden.*

2 *Sternfrucht schälen, in 6 dicke Scheiben schneiden (oder Ananas schälen, vierteln, den harten inneren Kern wegschneiden, dann das Fruchtfleisch in 6 gleich große Stücke schneiden).*

3 *Von den Kapstachelbeeren die Schalen öffnen und umstülpen (falls die Früchte klebrig sind, einfach mit feuchtem Küchenpapier abreiben). Jetzt auf jeden Spieß zuerst 1 Kapstachelbeere, dann 1 Stück Melone, 1 Scheibe Sternfrucht (oder 1 Stück Ananas) und zum Schluss noch 1 Kapstachelbeere stecken.*

4 *Erdnusspaste mit frisch gepresstem Orangen- und Limettensaft und 1 Esslöffel Puderzucker in die Schüssel geben, alles mit der Gabel gründlich vermischen. Obstspieße mit dem Erdnuss-Dip servieren.*

DAS SIND DIE ZUTATEN FÜR 6 SPIESSCHEN:
(die exotischen Früchte gibt's beim Gemüsehändler oder in großen Supermärkten)

1 Stück Wassermelone *(ca. 150 g)* · **1 Sternfrucht** *(oder 1 dicke Scheibe Ananas, ca. 150 g)* **12 Kapstachelbeeren** · **2 EL Erdnusspaste** *(gibt's im Supermarkt oder im Asia-Laden)* · **6 EL frisch gepresster Orangensaft** · **3 EL frisch gepresster Limettensaft** · **1 EL Puderzucker**

UND ZUM KOCHEN BRAUCHT IHR:

1 Schneidebrett · 1 Küchenmesser · Küchenpapier · 6 Holz-Schaschlikspieße · 1 Esslöffel 1 Schüssel · 1 Saftpresse · 1 Gabel

Schälen, schneiden und aufspießen: Es dauert etwa 15 Minuten, bis die Spießchen fertig sind.

MEIN LIEBLINGSFEST

CHILDREN`S WEEK – KINDERWOCHE

2. Woche im März

Kirchenprogramm

Bunte Gewänder, Perlen in den Haaren und gute Laune, so geht es in die Kinderwoche in Ghana. Das haben sich die Kirchen ausgedacht. Religion spielt im Leben der Ghanaer eine große Rolle, egal ob beim Essen, Tanzen oder Trinken. Die Religionen der meisten Ghanaer sind das Christentum, der Islam oder Naturreligionen.
Jede Kirche hat ihre eigene Tracht und ein eigenes Programm für die sieben Tage der Kinderwoche.

Zusammen feiern macht Spaß!

Gut gegen Hitze: Ananas-Limonade.

Lisa: »In der Kinderwoche treffen sich alle Kinder in der Gemeinde und erzählen, was sie bewegt. Sie reden über alles, was Kinder wichtig finden. Einmal hat ein Mädchen erzählt, was bei ihr zu Hause nicht so gut läuft und dass sie sich oft mit ihrem Vater streitet. Dann haben wir alle zusammen überlegt, wie das besser werden könnte.«

Backen, basteln, plaudern

Immer mehr Eltern erlauben ihren Kindern, bei der Kinderwoche mitzumachen. Früher fanden es einige nicht so gut, weil sie wussten, dass dabei auch über sie geredet wird. Inzwischen diskutieren die Eltern aber auch mit. Und vor allem versorgen sie die Kinder mit Essen.

Lisa: »Jeder muss etwas zum Essen mitbringen. Die Mutter von meinem Cousin macht eigentlich immer Reis mit Tomatensoße, weil die Kinder das alle so gerne mögen. Natürlich gibt es aber auch Süßigkeiten. Oder man backt zusammen.«

Kinder an die Macht!

Nicht nur backen, auch basteln und kochen stehen auf dem Stundenplan der Kinderwoche. Danach sind dann die Diskussionsrunden dran, wobei jedes Kind an die Reihe kommt und sagen kann, was es auf dem Herzen hat. Der Höhepunkt ist der Sonntag.

Lisa: »In der Kinderwoche darf ein Kind am Sonntag die Predigt halten. Wirklich! Es steht in der Kirche und darf sagen, was es möchte. Alle Eltern sind dabei. Mein Cousin durfte mal predigen, und er hat gesagt, dass er es schön fände, wenn alle Kinder genügend zu essen hätten und niemand mehr an Malaria sterben müsste. Dann hat er noch einen Witz gemacht und gesagt, dass er es auch toll finden würde, wenn die Kinder mal bestimmen dürften, wann die Eltern ins Bett müssen. Da haben alle gelacht.«

In der Wildnis bitte nicht anfassen, als Deko ungefährlich: Elefanten und Giraffen.

VOKABELN

GHANAISCHER BUCHSTABENSALAT

DEUTSCH	AKAN (Dialekt Twi)	AUSSPRACHE
Guten Morgen!	Me ma wo`Akye	memawoakje
Guten Abend!	Me ma wo`a ha	memawoaha
Tschüss!	Dayie	daje
Danke!	Me da wo ase`	medawoaße
Bitte!	Me pa wo kye`w	mepawokijew
ich	me	me
du	wo`	wo
Mama	maame	mame
Papa	Paapa	papa
Wie geht es dir?	Wo ho te sen	wohotesen
Wie heißt du?	Wo din de`sen	wodindesen
Deutschland	Abrokyire	abroküre
Ghana	Iman Ghana	iman gana
ja	aane	ane
nein	daabi	dabi
Katze	ikra	ikra
kochen	noa	noa
Eis	sukyrema	sukirema
lachen	sedee`	sede
1,2,3	baako, mienu, mee`sa	bako, mienu, mesa

Italien

Italien
Italien

GRAZIA, 9 JAHRE

VERFLIXT! FLUCHEN AUF ITALIENISCH

Wie ein Wasserfall können die Italiener reden. Und laut! Wer die Sprache nicht kennt, weiß gar nicht, wo die einzelnen Wörter anfangen oder aufhören. Dass die sich nicht manchmal verhaspeln oder über ihre eigenen Sätze stolpern! Und dazu klingt Italienisch so wunderschön melodiös, wie ein Lied. Selbst beim Schimpfen!

Grazia: »Wie flucht man auf Italienisch? Das fragen mich meine deutschen Freunde immer. Sie wissen nämlich, dass es in dem Land, aus dem ich komme, viele Schimpfwörter gibt. Nette und nicht ganz so Nette.
›*Perbacco!*‹ heißt ›Verflixt noch mal!‹ und ist eher harmlos. Oder ›*Accipicchia!*‹ – ›Mann oh Mann!‹ Die anderen Wörter darf ich nicht verraten.«

Die Kinder in Italien fluchen häufig. Zum Beispiel wenn der Bus mal wieder nicht kommt und sie zu Fuß zur Schule gehen müssen. Auf dem Weg dorthin holen viele sich eine Pizzaecke für die Pause.

Grazia: »Ich esse am liebsten Pizza mit ganz viel Käse, mein Bruder mag es lieber grüner mit Broccoli.«

Bunt und rund – unsere Lieblingspizza

Die Pizza ist so etwas wie eine italienische Nationalfahne zum Essen. Die Farben der italienischen Flagge sind Grün, Weiß und Rot. Rot wie die Tomaten, weiß wie der Mozzarella und grün wie das Basilikum auf der Pizza.

Grazia: »Mein Bruder Fabio liebt Fußball noch mehr als Pizza. Eigentlich möchten fast alle Jungs Nationalspieler und auch mal Weltmeister werden.«

Nah am Wasser gebaut: Venedig steht auf Millionen Pfählen.

Salami kommt vom italienischen salame*: Salzwurst.*

Weltmeister

Fußballweltmeister war Italien ja schon sehr oft. Die Mädchen spielen lieber Verstecken und rufen dabei laut verschiedene Sprüche, zum Beipiel: »*Chi c'é c'é, chi non c'é non c'é!*« Das heißt: »Wer da ist, ist da, wer nicht, ist es nicht!« Weil das die Jungs nervt, rufen sie dann gerne mal was Gemeines zurück. Das dürfen aber die Eltern nicht hören, die schimpfen dann nämlich, dass man mit solchen Schimpfwörtern niemals Weltmeister wird. *Basta*!

Buon appetito – Abendessen

In Italien wird immer erst gegen halb neun zu Abend gegessen, weil es dann nicht mehr so warm ist. Bei vielen Familien sitzen auch noch die Oma, der Opa oder die Tante mit am Tisch, denn vor allem im Süden des Landes wohnen alle zusammen. Derjenige, der gekocht hat, wünscht: »*Buon appetito a tutti!*« – »Allen einen guten Appetit!«

Grazia: »Auf dem Teller lege ich mir oft aus Spaß ein Gesicht: Für den Mund nimmt man Spaghetti, zwei Tomaten sind die Augen und die Nase ist ein Stück Brot.«

Die Kleinen kriegen eigentlich nur Wasser zu trinken, aber am Wochenende gibt es manchmal einen Spritzer Wein dazu. Davon wird man ziemlich müde. Vielleicht hoffen die Eltern, dass sie dadurch am nächsten Morgen ausschlafen können. Und wenn die Kinder dann doch wieder um 7 Uhr wach sind, hört man die Großen »*Perbacco*!« flüstern. Ihr wisst ja jetzt, was das heißt ...

MEIN LAND

DER ITALIENISCHE STIEFEL

Italien ist bekannt für seine Mode. Vor allem Schuhe aus Italien sind beliebt. Liegt das vielleicht an der Form des Landes?

Grazia: »Wenn man auf die Landkarte schaut, sieht Italien aus wie ein Stiefel. Die Insel Sizilien ist der Ball vor der Stiefelspitze. Ich glaube, dass die Italiener deshalb so gut Fußball spielen können.«

Fußball-Land

In den großen Städten Italiens gibt es die bekanntesten Fußballvereine wie zum Beispiel den SSC **Neapel**, Inter **Mailand**, Juventus **Turin** oder Lazio **Rom**.

Viele Urlauber zieht es an Italiens Küsten.

Brot heißt auf Italienisch pane.

Hier wohnt der Papst

Rom ist die Hauptstadt von Italien, und im Herzen davon, im Vatikan, wohnt der Papst. Er ist Deutscher und heißt Benedikt XVI. (der sechzehnte), eigentlich Joseph Alois Ratzinger. Er wird *Pàpa* genannt (heiliger Vater), mit Betonung auf dem ersten A. Nicht zu verwechseln mit dem *Papà*, dem Papi. Den betont man auf dem zweiten A. Die meisten Italiener sind Katholiken.

Grazia: »Wir haben viele Berge zum Skifahren und das Meer zum Baden. Unser längster Fluss ist der Po. Darüber lachen die deutschen Kinder immer, weil unser Fluss wie ihr Hintern heißt. Auf Italienisch heißt ›*po*‹ ›ein bisschen‹ – das ist nicht ganz so witzig wie der Popo.«

Wo ist der Po?

Der Po fließt bei Venedig in die Adria. Venedig ist die Stadt mit den vielen Kanälen, auf denen ganz viele Gondeln fahren. Jeder Gondelfahrer muss romantisch singen können, vor allem das Lied: »*O sole mio*« – »Oh du mein Einziger!«

Hauptstadt: Rom

In Rom werfen die Urlauber Münzen in den Trevi-Brunnen und wünschen sich dabei etwas. Zum Beispiel, dass sie sich ein Haus in der Toskana leisten können. Die Promis findet man auf der Insel Sardinien. Zu Italien gehören auch noch Elba und Sizilien im Mittelmeer. Und wer mal so richtig blau machen möchte, schippert auf die Insel Capri mit der Blauen Grotte. In der Höhle schimmert es in einem wunderschönen Blauton.

Rote Flitzer

Oder man macht einen Boxenstopp in Maranello. Dort kommt der Ferrari her, das Auto mit dem Pferd als Emblem. »*Avanti*« heißt ja »schnell«, und das war auch Michael Schumachers Motto in diesen roten Flitzern als mehrfacher Formel-1-Weltmeister. Bei den vielen Siegerehrungen hat er die italienische Nationalhymne gelernt: »Fratelli d'Italia« – Brüder Italiens.

DAS IST TYPISCH ITALIENISCH

UNSER EIS IST DAS BESTE DER WELT

Grazia: »Ihr müsst bei uns einfach das Eis probieren! Das ›*gelato*‹ ist so schön cremig.«

Eis ist früher aus den arabischen Ländern nach Sizilien gekommen. Kaiser Nero hat sich gefrorenes Wasser aus den Alpen bis nach Rom bringen lassen. Er hat es mit Ingwer, Zimt und Honig vermischt. Inzwischen gibt es so viele Eissorten, dass man sie gar nicht zählen kann. Habt ihr schon mal von Chili-, Petersilien- oder Käseeis gehört? Das gibt es alles! Wenn ihr in eine italienische Eisdiele, also in eine »*gelateria*« geht, bekommt ihr meistens keine Kugeln in die Waffel. Die Verkäufer holen das Eis mit einem Spachtel aus den Behältern. Da läuft einem schon beim Zugucken das Wasser im Mund zusammen.

Selbst gemachtes Eis in coolen Schälchen!

In Italien liebt man bunt verpackte Süßigkeiten.

Paprika und Basilikum – gesund und lecker.

Urlaub für alle

Vor allem im Sommer, wenn in Italien drei Monate Ferien sind, wird viel Eis gegessen. Am 15. August, dem *ferragosto*, fahren so gut wie alle Italiener in den Urlaub. Es soll der heißeste Tag im Jahr sein, und den würde man ohne Eis gar nicht überstehen.

Eis für Erwachsene

Auch für die Erwachsenen haben sich die Italiener besondere Sorten ausgedacht. Da gibt es zum Beispiel Wein-Eis. Danach sollte man aber nicht mehr Auto fahren, denkt ihr vielleicht. Das stimmt, aber das Wein-Eis ist sowieso nicht mit viel Alkohol gemacht.

Süßes Leben

Wer einmal ein wirklich echtes *gelato* in Italien geschleckt hat, weiß auch, was mit »*La dolce vita*« gemeint ist. Das heißt ja: »Das süße Leben« und ist der Titel eines alten Films, aber süßer als mit Eis kann man sich sein Leben nun wirklich nicht machen.

KLEINE PASTA-KUNDE

SPAGHETTI & CO.

Nudeln heißen auf Italienisch Pasta, und davon gibt es über 250 Sorten: von Fusili über Maccheroni bis zu Ravioli.

Meist beschreiben die Namen die Form. **Farfalle** sind Schmetterlinge und **Penne** kleine Stifte.
Achtet auch mal auf die Endungen der Namen: Ist hinten ein -lisce dran, sind sie glatt, bei -elle (**Tagliatelle**) sind sie breit, bei -ette schmal, -ini (**Tortellini**) sind klein und -oni (**Cannelloni**) groß.

Und wie kriegt man die Farbe in die Nudeln? Grün werden sie durch Spinat, rot durch Tomaten und gelb durch Eier. Es gibt sogar braune Pasta. Dafür braucht man Kakao.

Gekleckert?

Grazia: »Es ist immer wieder lustig zu sehen, wie viele Kinder oder Erwachsene sich vollkleckern, wenn sie Spaghetti essen.«

Die Italiener bleiben sauber. Sie drehen die Nudeln einfach nur mit einer Gabel am Tellerrand auf. Für die Deutschen wird im Restaurant meist noch ein Löffel dazugelegt.
Und nach dem Essen beim Zähneputzen fragt man sich, ob die italienische Pasta was mit Zahnpasta zu tun hat. Na ja, der Teig der Pasta ist genauso dickflüssig wie die Zahnpasta. Und die kommt aus der Tube ja eigentlich auch wie eine dicke Nudel heraus, oder?

»Pasta e basta!« *Etwas anderes kommt uns nicht auf den Tisch!*

MEIN LIEBLINGSGERICHT NR. 1

BLITZ-PIZZA

(Zutaten siehe rechts)

A

B

C

Die »Fladenbrot-Blitz-Pizza« – damit könnt ihr zum schnellsten Pizza-Bäcker zwischen Moskau und Paris werden!

1 *Fladenbrot mit dem Brotmesser aufschneiden, die Brothälften mit der Innenseite nach oben auf das mit Backpapier ausgelegte Blech legen.*

2 *120 Milliliter passierte Tomaten im Messbecher abmessen, mit Salz und Pfeffer würzen (A) und die geschälte und durch die Presse gedrückte Knoblauchzehe dazu geben. Jetzt die gewürzte Tomatensauce gleichmäßig mit einem Löffel auf den Brothälften verteilen. Den Backofen auf 200 Grad vorheizen.*

3 *Die Basilikumblättchen mit den Händen in kleine Stücke reißen, auf den Pizzen verteilen, alles mit dem Pizza-Käse bestreuen. (Wer mag, kann seine Pizza auch noch mit Salami, Schinken, Oliven oder sonstigen Lieblingszutaten belegen, bevor der Käse draufkommt.)*

4 *Das Blech auf der mittleren Schiene in den vorgeheizten Ofen schieben und alles 8-10 Minuten backen.*

5 *Das heiße Blech mit Topflappen oder Küchenhandschuhen aus dem Ofen nehmen (B), auf einem Untersetzer abstellen und die »Blitz-Pizzen« auf Tellern anrichten (C).*

DAS SIND DIE ZUTATEN FÜR 2 PORTIONEN:

1 Fladenbrot *(ca. 250 g)* **· 120 ml passierte Tomaten · Salz · Pfeffer**
1 Knoblauchzehe · 2 Handvoll Basilikumblättchen · 100 g Pizza-Käse *(gerieben, aus der Tüte)*
ganz nach Geschmack zum Beispiel auch noch: Salami, Schinken, Oliven, eingelegten Artischockenherzen, Champignonscheibchen oder Paprikastreifen

UND ZUM KOCHEN BRAUCHT IHR:

1 Schneidebrett · 1 Brotmesser · 1 Backblech mit Backpapier · 1 Messbecher · 1 Esslöffel · 1 Knoblauchpresse · 1 kleines Küchenmesser Topflappen oder Küchenhandschuhe · 1 feuerfesten Untersetzer

Nach 20 Minuten kann die Blitz-Pizza verspeist werden!

MEIN LIEBLINGSGERICHT NR. 2

ORANGINA-GELATO

(Zutaten siehe unten)

Selbst gemachtes Eis in coolen Schälchen!

1 *Orangen waschen, halbieren und auf der Saftpresse auspressen. 4 der ausgepressten Hälften aufbewahren – die brauchen wir noch!*

2 *Den Orangensaft durch ein Sieb in den Messbecher gießen – es sollten etwa 250 Milliliter Saft sein.*

3 *Den abgemessenen Saft in die Schüssel gießen und mit 2 Esslöffeln Zitronensaft und – je nach Süße der Orangen – 2 bis 3 Esslöffeln Puderzucker vermischen. Den Saft in der Schüssel vorsichtig in den Tiefkühler stellen. Hier muss jetzt alles 2 bis 3 Stunden drin bleiben und gefrieren. Nach etwa 1 Stunde die Schüssel einmal heraus nehmen und die Fruchteismasse mit der Gabel gut durchrühren.*

4 *Jetzt die beiseite gelegten, ausgepressten Orangenhälften mit dem Teelöffel »aushöhlen«. Dazu vorsichtig mit dem Löffel zwischen die orange Außenhaut und die weiße Innenhaut fahren. Dann lässt sich die Innenhaut so herausschaben, dass nur die orangefarbene Schale übrig bleibt. Die Schälchen in den Tiefkühler legen.*

5 *Zum Servieren die Schalen und das Fruchteis aus dem Gefriergerät nehmen, die Eismasse mit der Gabel gut durchmischen, in die Schälchen füllen und gleich servieren!*

DAS SIND DIE ZUTATEN FÜR 4 PORTIONEN:

3 unbehandelte Orangen *(ca. 400 g)* · **2 EL Zitronensaft**
2-3 EL Puderzucker

UND ZUM KOCHEN BRAUCHT IHR:

Küchenpapier · Schneidebrett · 1 Küchenmesser · 1 Saftpresse
1 kleines Küchensieb · 1 Messbecher · 1 mittelgroße Metall- oder Plastikschüssel · 1 Esslöffel · 1 Teelöffel · 1 Gabel

Etwa 20 Minuten dauert es, bis alles im Tiefkühler ist – und dann müsst ihr noch 2 bis 3 Stunden Geduld haben.

MEIN LIEBLINGSFEST

DREIKÖNIGS-FEST

6. Januar

Die Hexe kommt

Grazia: »Wir kriegen Geschenke von einer Hexe! Echt! Nach Weihnachten, am 6. Januar, kommt sie. Das ist das Dreikönigs-Fest.«

Die Hexe heißt Befana. Sie soll früher nicht rechtzeitig losgeflogen sein, als sie von den Hirten hörte, dass das Christkind geboren war. Sie wollte noch schnell die Hausarbeit

Für brave Kinder: Geschenke und Bonbons von der Befana.

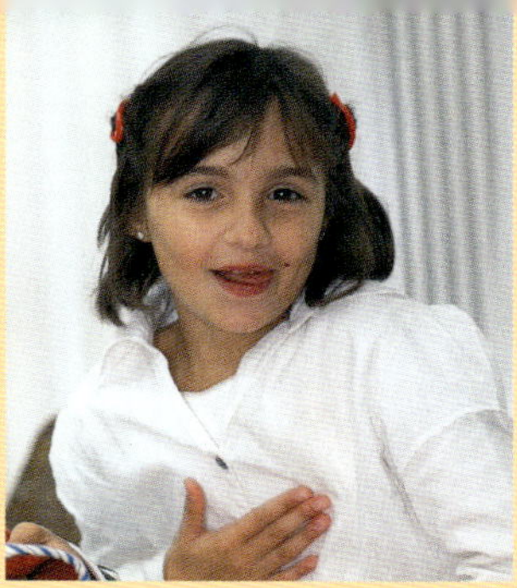

Brokkoli, Mandarinen und Wein: Das stelle ich der Befana raus!

erledigen und dann dem Stern folgen. Befana kam dann aber zu spät und hat den Weg zur Krippe nicht gefunden.

Grazia: »Man sagt, die Hexe ist immer noch auf der Suche nach dem Jesuskind. Sie denkt, es könnte einer von uns sein.«

Die italienischen Kinder hängen am Abend des 5. Januar ihre Strümpfe an den Kamin und versuchen, wach zu bleiben. Zu gern würden sie mal sehen, wie die Hexe Befana auf ihrem Besen angeritten kommt und die Geschenke durch den Schornstein wirft. Unartige Kinder kriegen nur ein Stück Kohle oder Asche aus Zuckermasse.

Grazia: »Die Hexe ist zwar hässlich, aber eigentlich ganz lieb. Sie ist sogar schon bis zu mir nach Deutschland geflogen und hat auch unser Haus gefunden, obwohl sie, glaube ich, nur Italienisch kann. Das vergesse ich nie. Ich habe ihr extra Brokkoli und Mandarinen hingestellt.«

Straßenfest

Gefeiert wird das Befana-Fest oft, aber nicht überall, mit großen Straßenumzügen. Die Befana, manchmal in Begleitung von Befano, zieht durch die Straßen. Meistens steckt ein Mann im Hexenkostüm, damit es so richtig ruppig wirkt. Die Menschen kleiden sich in Lumpen. Eine Musikkapelle ist meistens auch dabei. Die Kinder singen ein Lied, und Befana und Befano tanzen dazu. Oft endet der Umzug mit einem Lagerfeuer, in dem eine Befana-Puppe verbrannt wird.

Italienische Kekse schmecken Grazia und ihrem Bruder Fabio besonders gut.

VOKABELN

ITALIENISCHER BUCHSTABENSALAT

DEUTSCH	ITALIENISCH	AUSSPRACHE
Hallo!/Tschüss!	Ciao!	tschau
Guten Tag!	Buon giorno!	bon dschorno
ja	si	ßi
nein	no	no
ich	io	ijo
du	tu	tu
Deutschland	Germania	dschermanija
Italien	Italia	italija
Auf Wiedersehen!	Arrivederci!	ariwedertschi
Danke!	Grazie!	grazijä
Bitte!	Prego!	prego
Entschuldigung!	Scusi!	skusi
Wie geht`s?	Come stai?	kome stai
Mir geht`s gut.	Io sto bene.	ijo sto bene
Wie heißt du?	Come ti chiami?	kome ti kjami
Jetzt reicht`s!	Basta!	basta
Nudeln	pasta	pasta
Hast du Hunger?	Hai fame?	ai fame
Käse	formaggio	formadscho
Eis	gelato	dschelato
Milch	latte	latte
warm	caldo	kaldo
kalt	freddo	frädo
1, 2, 3	uno, due, tre	uno, due, tre

Mexiko

Mexiko
Mexiko

ELKE, 8 JAHRE

WO IST DAS KLO?

»Ich muss mal. Ganz dringend.« Das sagt so manch einer, der zum ersten Mal in Mexiko ist. Denn das Essen ist viel schärfer als anderswo, vor allem durch das Gewürz Chili, und deshalb rennen Kinder und Erwachsene aus anderen Ländern ständig auf die Toilette. Wenn ein Tourist in Mexiko Durchfall hat, sagt man auch, das ist die Rache von Montezuma. Der Azteken-Herrscher soll vor seinem Tod den Fluch ausgesprochen haben, dass alle Eindringlinge leiden müssen.

Elke: »Ich kann alles querbeet essen, aber eine Sache mag ich überhaupt nicht: Gebratene Würmer. Die essen richtige Mexikaner gerne, so wie andere Salzstangen oder Chips essen. Ich hab einen probiert und fand ihn eklig, da hat mein Opa zum Spaß gesagt: ›Wenn du den Geschmack loswerden willst, iss einfach zwei Heuschrecken.‹ Igitt!«

Fiesta Mexicana

An Geburtstagen wird groß gefeiert. Dann gibt es für die Kinder Süßes, Früchte und Geschenke. Die stecken in einer sogenannten *Piñata*.
Eine *Piñata* ist eine bunte Figur aus Pappmaché, zum Beispiel ein Tier, ein Stern oder eine Comicfigur. Sie hängt über den Kindern an einem Seil, und ähnlich wie beim Topfschlagen haben alle verbundene Augen. Jedes Kind darf dreimal mit dem Stock nach der Pappmachéfigur schlagen, und wenn die *Piñata* auseinanderbricht, dürfen sich alle auf die Süßigkeiten stürzen. Das ist ein Kinderspiel, das auf keiner mexikanischen Fiesta fehlen darf.

»Prost« heißt auf Spanisch »Salud!«

Eine Maya-Ruine in Yucatan.

Elke: »Ich habe einmal eine Piñata selber gemacht. Dazu bläst man einen Luftballon auf. Dann vermischt man Wasser mit Mehl und legt Zeitungsstreifen darauf. Die klebt man dann auf den Ballon, ganz viele Lagen. Ein Loch muss man aber lassen, da kommen die Geschenke und alles andere hinein. Und mit buntem Krepp-Papier klebt man sich eine Figur. Meine Piñata war eine Sonnenblume. Zum Schluss zersticht man den Luftballon.«

Siesta Mexicana

Ein bisschen leiser sein sollte man, wenn die Eltern gerade ihre Siesta halten, das Mittagsschläfchen nach dem Essen. In der Zeit ist es zum Arbeiten sowieso meistens zu warm, und viele Geschäfte sind geschlossen. Dass die Mexikaner bei der Siesta unter einem Mexikanerhut schlafen, kommt aber eher seltener vor. Vielleicht auf dem Land in der prallen Sonne. Dort und in den großen Städten gibt es extreme Unterschiede zwischen reichen und armen Kindern. Die Mittelschicht mit Normalverdienern ist vergleichsweise klein. In der Hauptstadt Mexiko-City dürfen die Kinder möglichst nicht allein auf die Straße, da es wegen der vielen Autos zu gefährlich ist.

Elke: »Als ich meinen Freunden in Mexiko erzählt habe, dass in Deutschland fast jedes Kind ein Fahrrad hat, haben sie gestaunt. In Mexiko können viele Kinder gar nicht Fahrrad fahren, es gibt da auch gar keine Fahrradwege, sie werden immer von ihren Eltern von der Schule abgeholt. Ein paar haben sogar Chauffeure. Dafür können die meisten Kinder ganz früh schwimmen.«

Wurm in der Flasche

Von zu Hause ausziehen tun die meisten Kinder erst, wenn sie verheiratet sind. Dann sind sie erwachsen und trinken auch schon mal einen der typisch mexikanischen Schnäpse wie Tequila oder Mezcal. Der Mezcal hat noch eine besondere Beilage: In der Flasche schwimmt ein Wurm. Den isst aber kaum ein Mexikaner. Es sei denn, er ist gebraten …

MEIN LAND

ME-XI-CO

Woher kommt eigentlich der Name Mexiko?

Es gibt mehrere Geschichten dazu. Entweder kommt er vom Gründer des Aztekenreichs Mexika oder dem Kriegsgott Mexitli. Oder aber er ist zusammengesetzt aus Me von *metl*, das ist eine Agavenpflanze, aus xi von *sictli*, das heißt Nabel, und *co* für Ort. Alles zusammen würde bedeuten: Der Ort, an dem der Nabel der Agavenpflanze ist.

Blechlawinen

Der Nabel des Landes ist wohl die Hauptstadt Mexiko-City. In der Region leben fast 20 Millionen Menschen, damit ist Mexiko City eine der größten Städte der Welt. Erschrecken darf man sich nicht, weil sehr viele bewaffnete Polizisten herumlaufen und ernst gucken, das tun sie zur Sicherheit.

Die Kathedrale am Zócalo von Mexiko-City. »Zócalo« heißt Hauptplatz. Jede Stadt in Mexiko hat einen.

Mais kann nicht nur gelb, sondern auch rot oder blau sein. Elkes Schwester Anna mag am liebsten den gelben.

In Mexiko-City kommt man kaum über die Straße, weil so viele Autos unterwegs sind. Die Luftverschmutzung ist so hoch, dass man zu Silvester kein Feuerwerk machen darf, denn das würde die Luft zusätzlich verschmutzen.

Pepo… was?

In Mexiko gibt es Vulkane. Einer davon ist der **Pepocatépetl**. Wer das fehlerfrei sagen kann, oder wer den Städtenamen **Guadalajara** fließend aussprechen kann, ist schon ein halber kleiner Mexikaner. Das ganze Land ist rund sechsmal so groß wie Deutschland.

La Ola

Elke: »In der Schule haben wir mal etwas Witziges gelernt. Da sollten wir raten, wie viele Kinder man wohl nebeneinander legen müsste, um Mexiko zu umrunden. Ich hab zweitausend geschätzt. Es sind aber viel, viel mehr, 8 Millionen nämlich. Auf jeden Fall könnte man dann eine tolle La Ola machen. Ihr wisst schon, diese Welle, die durch die Fußballstadien schwappt und die ja aus Mexiko kommt.«

Pyramiden und Kakteen

Viele Urlauber verbringen ihre Ferien im Land der Azteken und Maya. Zum Beispiel in **Acapulco** am Pazifik, in **Cancún** am Golf von Mexiko oder in **Oaxaca**, der Stadt des Kakaos.

Wundermittel

Einen Besuch sind auch die vielen bunten Märkte wert. Da gibt es nichts, was es nicht gibt. Und wie so manch anderes Volk greifen auch die Mexikaner manchmal zum Übersinnlichen. Wenn man zum Beispiel unter Schweißfüßen, Liebeskummer oder einer Glatze leidet, bekommt man an einigen Ständen Mittelchen wie ein Stück getrocknete Kröte oder eine bei Vollmond ausgegrabene Wurzel.

DAS IST TYPISCH MEXIKANISCH

WER GIBT DEN TON AN?

Geigen, Trompeten, Gitarren und *Maracas* – das sind einige der Instrumente, auf denen die *Mariachis* spielen. Das sind Musiker, die man überall in Mexiko sieht, auf den vielen *Zócalos*, den großen Plätzen im Land.
Erkennen kann man sie leicht: Sie haben meist eine eng anliegende Hose und eine kurze Jacke an. Die Seitennähte der Hose und die Verschlüsse sind mit Silberschnallen verziert. Außerdem trägt der Mariachi *Botines*, also Stiefel, und hat einen verzierten *Sombrero* auf. Früher war der einfach nur aus Stroh.

Fliegende Musikanten

Elke: »Als wir mal aus Deutschland nach Mexiko geflogen sind,

Schön knackig: Taco-Chips – natürlich aus Mais.

»Viva Mexico!«, »Es lebe Mexiko!« Essen und Musik geben den Ton an. Eduardo übt schon mal.

hat mein Opa uns vom Flughafen abgeholt und eine Mariachi-Gruppe mitgebracht. Als wir rauskamen, fingen die an zu spielen und zu singen.«

Mariachi-Gruppen am Flughafen sind inzwischen verboten, weil es so ein Riesengedränge gibt. Aber ansonsten spielen sie überall, auf Feiern, Taufen und in Restaurants. Zum Gesang gibt es auch einen Tanz, den *Zapateado*. Dabei stapfen sie mit ihren Fersen auf den Boden.
Das bekannteste Lied, das die Mariachis am häufigsten singen, ist »*Cielito lindo*«. Darin heißt es, dass man singen und nicht weinen soll.

Zu Besuch

Oft bringt man ein Ständchen zum Geburtstag, zur bestandenen Prüfung, oder zum Muttertag. Da kann auch schon mal unangemeldet Besuch kommen. Der ist immer willkommen, ganz nach dem Motto. »*Mi casa es tu casa*« – »Mein Haus ist dein Haus.« Wenn man das Haus noch nicht kennt, wird man erstmal herumgeführt, dann wird geplaudert und gegessen, und zwar bis tief in die Nacht. Mit Pünktlichkeit nimmt man es nicht so genau, dafür mit Höflichkeit, sprich: die Dame über die Straße führen, Menschen mit der Hand begrüßen, nicht schimpfen und Dienstmädchen oder Kellner freundlich behandeln.

KLEINE MAIS-KUNDE

ALLES AUS MAIS

Mais ist in Mexiko ein wichtiges Grundnahrungsmittel.

Meistens werden daraus *Tortillas* gemacht. Die Fladentortillas gehören dort auf den Tisch wie in Deutschland Salz und Pfeffer. Der Mais muss dafür viele Stunden mit gebranntem Kalk gekocht, enthülst, getrocknet und später gemahlen werden. Dann formt man runde Fladen und backt sie auf heißen Platten. Nachos, also Maischips, stellt man ähnlich her.
Die Tortillas kann man mit Fleisch, Gemüse, Käse und Soßen füllen. Es gibt ein Sprichwort: »Wer einmal Tortillas in Mexiko gegessen hat und dann das Land verlässt, kommt vor Heimweh um.«
Verwechseln darf man die Tortillas aus Mexiko nicht mit denen aus Spanien. Dort sind es Omelettes aus Kartoffeln.

Mais macht müde Kinder munter

Elke: »Wisst ihr, wo überall Mais drin ist? In Popcorn und Cornflakes, in Erdnussflips und Zigarettenpapier. Aus den Maiskolben kann man tolle Drachen basteln oder Flugzeuge und Puppen.«

Mais ist typisch mexikanisch.

MEIN
LIEBLINGSGERICHT NR.1

CHILI CON CARNE

(Zutaten siehe unten)

Die Mexikaner kochen mit richtig scharfen Chilischoten, wir haben sie hier lieber weggelassen.

1 *Die Knoblauchzehe schälen und fein hacken. Frühlingszwiebeln putzen, waschen, in feine Ringe schneiden. Öl im Topf erhitzen, Knoblauch und Zwiebeln zugeben, mit dem Kochlöffel rühren und 1-2 Minuten dünsten.*

2 *Das Hackfleisch zugeben und mit dem Kochlöffel rühren, bis alles hellbraun ist. Passierte Tomaten und Gemüsebrühe dazugeben.*

3 *Mais und Bohnen aus der Dose in ein Sieb abgießen, kalt abspülen, abtropfen lassen, in den Topf geben und alles gut vermischen.*

4 *Paprikaschote putzen, waschen, erst längs in Streifen, dann quer in etwa 1 Zentimeter große Stücke schneiden. Paprikastückchen in den Topf geben und das Chili mit Ayvar und mit Salz, Pfeffer und Kreuzkümmel würzen. Alles gut vermischen und 8-10 Minuten bei mittlerer Hitze köcheln lassen. Vor dem Servieren noch einmal abschmecken.*

DAS SIND DIE ZUTATEN FÜR 4 PORTIONEN:

1 Knoblauchzehe · 2 Frühlingszwiebeln 1 EL Öl · 200 g Rinderhackfleisch · 400 ml passierte Tomaten · 200 ml Gemüsebrühe 1 kleine Dose Mais *(Abtropfgewicht 115 g)* **1 kleine Dose rote Bohnen** *(Abtropfgewicht 125g)* **· 1 rote Paprikaschote · 2 EL mildes Ayvar** *(Paprikapüree aus dem Glas, gibt's im Supermarkt)* **· Salz · Pfeffer · Kreuzkümmel** *(gemahlen)*

UND ZUM KOCHEN BRAUCHT IHR:

1 Schneidebrett · 1 Küchenmesser · 1 mittelgroßen Topf · 1 Kochlöffel · 1 Messbecher · 1 Dosenöffner · 1 Küchensieb · 1 Esslöffel 1 Schöpflöffel

Bis zum Chili-Löffeln dauert es etwa 25 Minuten.

MEIN LIEBLINGSGERICHT NR. 2

KNUSPER-MAIS MIT AVOCADO-DIP

(Zutaten siehe rechts)

A

B

C

Ein Essen ohne Mais können sich echte Mexikaner eigentlich nicht vorstellen.

1 *Maiskolben aus der Verpackung nehmen, mit Küchenpapier trocken tupfen, salzen und pfeffern.*

2 *Knoblauch schälen, Öl und Butter in der Pfanne erhitzen. Maiskolben und Knoblauch zugeben, bei mittlerer Hitze in 6-8 Minuten goldbraun braten, mehrmals wenden.*

3 *Avocado auf dem Schneidebrett der Länge nach rundherum bis zum Kern aufschneiden, die beiden Hälften auseinanderziehen (A). Avocadokern herauslösen, die Haut abziehen und das Avocadofruchtfleisch grob würfeln und in den Rührbecher geben.*

4 *Je 3 Esslöffel Joghurt und Limettensaft und etwas Salz und Pfeffer zugeben, alles mit dem elektrischen Schneidestab fein pürieren (B), in eine der beiden Schüsseln umfüllen.*

5 *Knusper-Mais aus der Pfanne nehmen und auf Teller legen. In die Mitte der Maiskolben-Enden je 1 Holzzahnstocher stecken (so könnt ihr sie gut anfassen und rundherum abknabbern). Taco-Chips in die zweite Schüssel füllen. Maiskolben mit Avocado-Dip und Taco-Chips servieren (C).*

DAS SIND DIE ZUTATEN FÜR 2 PORTIONEN:

2 Maiskolben *(vorgegart und eingeschweißt, ca. 400 g, gibt's in Bio-Läden und im Supermarkt)* · **Salz · Pfeffer · 1 Knoblauchzehe 1 EL Öl · 1 TL Butter · 1 reife Avocado · 3 EL Joghurt · 3 EL frisch gepresster Limettensaft · 1 Tüte Taco-Chips**

UND ZUM KOCHEN BRAUCHT IHR:

Küchenpapier · 1 Küchenmesser · 1 Esslöffel · 1 Teelöffel · 1 Pfanne 1 Gabel · 1 Schneidebrett · 1 hohen Rührbecher · 1 Saftpresse · 1 elektrischen Schneidestab · 2 Schüsseln · Holzzahnstocher

Auf die Plätze, knabber, los: In 20 Minuten ist alles fertig!

MEIN LIEBLINGSFEST

DAS FEST DER TOTEN, DÍA DE LOS MUERTOS

31. Oktober bis 2. November

Viva – es leben die Toten!

Die Mexikaner singen und weinen nicht, wenn sie an ihre toten Verwandten denken. Sie gehen ganz anders mit dem Tod um, als wir es kennen. Sie fürchten sich nicht so sehr davor, sondern feiern drei Tage lang im Jahr ihre verstorbenen Angehörigen. Sie glauben daran, dass die Toten zum Ende der Erntezeit aus dem Jenseits kommen und es ein fröhliches Wiedersehen gibt.
Die Straßen sind dann mit Todessymbolen wie Skeletten aus Pappmaché geschmückt. An den Häusern hängen Laternen.

Elke: »Wenn ich an diesem Tag gerade in Mexiko bin, freu ich mich, weil es etwas ganz Besonderes ist. Für die toten Verwandten kaufen wir beim Bäcker Toten-

Freundeskreis, pena a cinco, *heißt der Kerzenhalter.*

Maya-Statue

schädel aus Zucker oder aus Schokolade. Da schreiben wir ihre Namen drauf.«

Geschenke für die Toten

Das Lieblingsessen der Verstorbenen, Getränke, *Pan de Muerto* (Todesbrot), und Erinnerungsgeschenke stellen die Familien auf einen Altar im eigenen Haus oder auf Plätzen bereit. Das sollen sie zur Stärkung essen. Es werden Empfangsteppiche ausgerollt, die den Weg vom Friedhof zum Haus zeigen. Die Blumen darauf sind meist gelb-orange, weil die Toten, so denkt man, diese Farben am besten erkennen können. Daran, dass die Toten aus den Gräbern auferstehen, glaubt kaum jemand, vielmehr geht es um die Seelen.

Adiós! – Auf Wiedersehen!

Elke: »Wir haben uns danach auf dem Friedhof getroffen und über die Toten geredet und dabei getanzt, gesungen und die leckeren Sachen gegessen. Um Mitternacht müssen die Toten dann wieder los, und wir verabschieden uns. Im nächsten Jahr kommen sie ja schon wieder.«

Nacht des Hundes

In der Nacht zuvor, der Nacht des Hundes zum 1. November, wird die Ankunft der verstorbenen Kinder erwartet, der *Angelitos*, der Engelchen. Hierfür schmücken die Angehörigen ihren Altar farbenfroh und liebevoll mit Kerzen, Ringelblumen, Süßigkeiten wie Marzipansärgen und dem Lieblingsspielzeug der Kinder. Der Tod ist in Mexiko kein Tabu, man braucht sich nicht davor zu fürchten. Rund um den *Día de los Muertos* ist der Tod Teil des Lebens.

Die Mexikaner
lieben bunte Farben.

VOKABELN

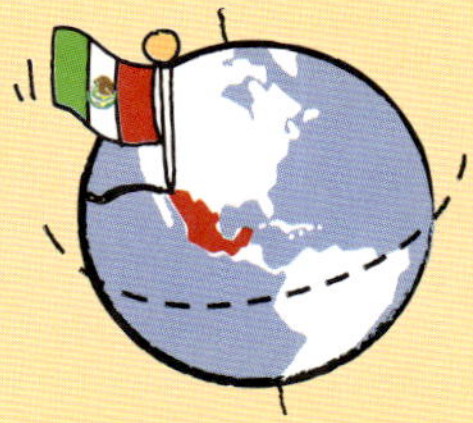

SPANISCHER BUCHSTABENSALAT

In Mexiko spricht man Spanisch!

DEUTSCH	SPANISCH	AUSSPRACHE
Hallo!	Hola!	olla
Tschüss!	Adiós!	adjos
Wie geht`s?	¿Qué tal?	ke tal
Bitte!	por favor	porfawoa
Danke!	gracias	graßias
Nichts zu danken.	De nada.	de nada
Prost!	Salud!	salud
ja	sí	ßi
nein	no	no
Ich heiße ...	Me llamo ...	me jamo
du	tú	tu
Vater	padre	padre
Mutter	madre	madre
Opa	abuelo	abuälo
Freund	amigo	amigo
Mittagsschlaf	siesta	sjästa
Feier	fiesta	fjästa
Deutschland	Alemania	alemanja
Mexiko	Mexico	mechiko
Brot	pan	pan
Eis	helado	elado
Küche	cocina	koßina
Auto	coche	kotsche
1, 2, 3	uno, dos, tres	uno, dos, tres

Russland

Russland
Russland

THEO, 7 JAHRE

VERKEHRTE WELT

»Hoffentlich bekomme ich eine 5 in Mathe!« Wer denkt denn so was? Russische Kinder. In Russland ist 5 nämlich die beste Note und 2 die schlechteste. Eine 1 gibt es auch, aber da muss der Lehrer schon richtig wütend auf den Schüler sein, wenn er ihm die allerschlechteste Zensur gibt.

Theo: »In Deutschland musste ich mich erst mal umgewöhnen. Da hab ich einen Aufsatz wiedergekriegt und drunter stand eine 2. Ich war ganz traurig, weil ich dachte, dass ich so schlecht bin. Aber dann ist es mir wieder eingefallen, dass die Zensuren falsch herum sind, und ich war richtig erleichtert.«

Ohne Uniform

10 Jahre geht man in Russland in die Schule, und obwohl die Lehrer recht streng sind, mögen viele Kinder sie fast so gern wie ihre eigenen Eltern. Und das trotz der vielen Hausaufgaben! Schuluniformen, so wie früher, tragen in Russland nicht mehr viele Kinder. Einige Schulen haben die Uniformen aber wieder eingeführt. An Festtagen trägt man dann eine weiße Schürze oder ein weißes Hemd dazu.

Auf der Tonleiter

Viele russische Kinder treiben Sport oder spielen ein Instrument. Schaut man sich Wettkämpfe an, sieht man immer wieder, dass Russland in Sportarten wie Turnen, Tennis oder Schach ganz vorne mit dabei ist. Viele russische Kinder gehen auch in Musikschulen, und wenn sie gut sind, üben sie jeden Tag, meist Klavier oder Geige.

Am Wochenende geht's raus auf die Datscha.

Die Basilius-Kathedrale steht in Moskau.

Theo: »Mich hat mal ein deutscher Freund gefragt, ob ich Balalaika spielen kann. Den Namen hatte er mal irgendwo gehört. Da musste ich ganz laut lachen. Die Balalaika ist ja so ein dreieckiges Zupfinstrument mit drei Saiten, das kennt fast jeder im Ausland aus Russland. Aber glaubt mir, fast kein russisches Kind spielt Balalaika.«

Raus aufs Land

Die Kinder spielen lieber Verstecken oder Karten. Im Sommer haben sie in den Ferien dafür drei Monate Zeit. Einige Kinder fahren ins Sommercamp oder mit ihren Eltern auf ihre Datscha. Das tun sie auch häufig an den Wochenenden. Eine Datscha ist ein Landhaus. Je nachdem, wie viel Geld man hat, kann das eine riesige Villa oder eine klitzekleine Schrebergartenhütte sein. Früher hat der Zar den Menschen die Datscha zugeteilt, »*dat*« heißt nämlich geben.

Theo: »Die Datscha meiner Familie liegt am finnischen Meerbusen. Dort sammeln wir am liebsten Pilze. Eigentlich mag ich diese Steinpilze gar nicht so gern, aber ich will unbedingt mehr finden als mein Opa. Letztes Mal waren direkt vor ihm vier Stück und er hat sie nicht gesehen. Die hab ich mir dann geschnappt. Opa hat gesagt: ›Oh Mann, meine Augen werden auch immer schlechter.‹«

Der Urlaub auf der Datscha ist die goldene Mitte. Denn es gibt auch viele Kinder in Russland, die auf der Straße leben, weil sie so arm sind. Manche laufen sogar von zu Hause weg, verkaufen gestohlene Sachen oder waschen Autos.
Das andere Extrem sind die ganz Reichen. Mindestens 70 Kinder in Russland haben ein Milliarden-Vermögen. Eine Milliarde ist die Zahl mit den neun Nullen!

MEIN LAND

WER HAT AN DER UHR GEDREHT?

In Russland muss man gut rechnen können, und die Uhr lesen! Denn die russischen Uhren ticken etwas anders.

Wer hat an der Uhr gedreht?

Wenn es in Moskau 8 Uhr morgens ist, ist es in Anadyr ganz im Osten schon 6 Uhr abends. Und das, obwohl beide Städte in Russland liegen. 11 Zeitzonen gibt es dort, im flächenmäßig größten Land der Welt. Wenn man vom westlichsten Punkt Russlands ganz nach Osten will, dann muss man 9000 Kilometer zurücklegen.

Theo: »Einmal wollte ich einen Freund von mir zum Geburtstag anrufen. Der wohnt am äußersten Zipfel von Russland, und ich hatte gar nicht mehr dran gedacht, dass es da ja viel später ist. Mitten in der Nacht hab ich angerufen, da hatte er schon gar nicht mehr Geburtstag. Er hat sich aber trotzdem gefreut, seine Eltern aber nicht so, glaube ich.«

Der Moskauer Kreml – heute Residenz des Präsidenten.

In Russland gibt es viele verschiedene bunte Trachten.

Wo geht das Licht aus?

Neben der Hauptstadt Moskau kennt ihr vielleicht noch **Nowosibirsk**, **Jekaterinenburg** oder **Sankt Petersburg**. In Sankt Petersburg feiert man jedes Jahr die »Weißen Nächte«, wenn es von Juni bis Mitte Juli fast nicht dunkel wird. Das liegt an dem Breitengrad, auf dem die Stadt liegt. Russland hat mit der Wolga den größten Fluss Europas, mit dem Baikalsee den tiefsten See der Welt und mit der Transsibirischen Eisenbahn die längste Zugstrecke der Welt.

Theo: »Ich möchte unbedingt Zugführer werden. Mein Opa hat mir gesagt, dass die Transsibirische Eisenbahn zwischen Moskau und Wladiwostock an fast 400 Stationen entlangfährt. Und wenn ich die alle auswendig kann, darf ich Lokführer werden.«

Eiskalt und wonnig warm

Die Transsibirische Eisenbahn, auch Transsib genannt, durchquert zwei Kontinente, denn Russland liegt in Europa und Asien, geteilt durch das Uralgebirge. Hinter dem Ural beginnt Sibirien. Viele fangen an zu zittern, wenn sie das Wort hören. Dabei ist es im Winter zwar sehr kalt, nämlich bis zu minus 60 Grad, und die Kinder fahren auf Schlitten zur Schule, im Sommer jedoch ist es schön warm bei weit über 30 Grad.

Puppe in Puppe in Puppe

Der Deutsche wird in Russland übrigens »*nemez*« genannt, das kommt von »*nemoj*« und heißt stumm, weil Ausländer oft kein Russisch können. Was Urlauber gerne aus Russland mitbringen, sind Matroschkas, russische Schachtelpuppen aus Holz. Da steckt in einer großen Puppe eine kleinere und darin wieder eine kleinere und so weiter, bis sie nur noch so winzig wie ein Fingernagel sind.

Doppeltes Weihnachten

In Russland gilt der gregorianische Kalender. Nach dessen Berechnung findet Weihnachten vom 6. auf den 7. Januar statt. Zu Zeiten der Sowjetunion, so hieß Russland früher, stand der Staat nicht gerade gut zur Kirche, deswegen wurde Weihnachten auch nicht gefeiert.

DAS IST TYPISCH RUSSISCH

KOSENAMEN

»Wie heißt du?« Das ist doch die Frage, die man einem Kind meist als Erstes stellt. In Russland könnte man darauf gleich drei Antworten kriegen. Es gibt nämlich den offiziellen Vornamen, den Spitznamen und eine Verniedlichungsform. Wenn ein Mädchen Maria heißt, wird es meist Mascha genannt oder sogar Maschenka. Das ist zwar länger, dafür aber noch niedlicher.

Theo: »Meine Mutter hat eine deutsche Freundin, die Petra heißt. Die findet sie so nett, dass sie sie mal Petruschka genannt hat. Das fand die Petra zuerst ganz lustig. Als sie dann aber hörte, dass Petruschka eigentlich ein Clown ist und auch noch Petersilie heißt, wollte sie lieber nicht mehr so genannt werden.«

Das ist Theos Schwester Anna.

Erst die Suppe, dann das Nasch-Vergnügen.

Für Jungs gibt es natürlich auch Kosenamen. So wird aus Iwan Wanja oder Wanjuscha. In Märchen heißt der Held oft Wanja. Auch nennen immer mehr Eltern in anderen Ländern ihre Kinder Wanja, auch Mädchen, dabei heißen in Russland wirklich nur Jungs so.

Kleines Namen-ABC

Dazu gehört auch noch ein Nachname und ein Zwischenname. Nach dem Vornamen kommt der Vatername und dann der Nachname. Vatername bedeutet: An den Vornamen des Vaters wird eine Endung drangehängt, bei Mädchen -eva oder -ova und bei Jungs -ov oder -ev.

Theo: »Meine Lehrerin in der 1. Klasse hieß Svetlana Nikolaeva Zirunikova. Nikolaeva, weil ihr Vater Nikolai mit Vornamen heißt. Wir haben sie aber immer nur Svetlana Nikolaeva genannt. Manche haben heimlich Sveta gesagt, das ist der Spitzname von Svetlana.«

Ordschonikidsewskaja

All diese Namen und die Wörter überhaupt werden in Russland nicht in unserer Schrift geschrieben, sondern in Kyrillisch. Die Brüder Kyrill und Method haben vor sehr langer Zeit diese Schrift entwickelt. Das russische Alphabet besteht aus 33 Buchstaben. Viele Russen können aber auch ihre Wörter so schreiben, dass wir es lesen können. Da kommen manchmal ganz schön lange Wörter raus. So gibt es in Russland Städte, die heißen **Ordschonikidsewskaja** oder **Blagoweschtschensk**.

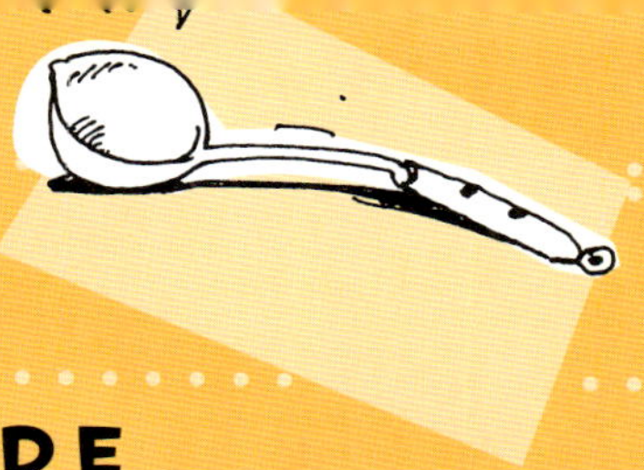

KLEINE SUPPEN-KUNDE

WER SICH DIE SUPPE EINBROCKT, MUSS SIE AUCH AUSLÖFFELN

Nicht nur Pfannkuchen mögen die Russen, auch Suppe steht auf dem Speiseplan. Das ist eins der Nationalgerichte.
Vielleicht habt ihr schon mal von dem Suppeneintopf gehört, der ein richtiger Zungenbrecher ist: **Borschtsch**! Er ist aus Roter Beete, und es gibt dafür ungefähr so viele verschiedene Rezepte, wie es Köche in Russland gibt.

Wer oder was ist Schtschi?

Genauso schwierig auszusprechen wie **Borschtsch** ist die Sommersuppe **Okroschka** für die warmen Tage.

Oder die Kohlsuppe **Schtschi**, die Urmutter aller Suppen. Man spricht auch vom »Geist von Schtschi« in alten Bauernhäusern, denn dort wird man auch nach Jahren von dem Suppengeruch begrüßt. Dazu isst man saure Sahne, Roggenbrot oder gefüllte Piroggen, das sind Hefeteigtaschen

Brot zum Trinken

Und wo wir schon mal beim Brot sind: Könnt ihr glauben, dass man Schwarzbrot trinken kann? Kann man. *Kwas*, eine Art Brause, wird daraus gemacht.

Mit oder ohne Kartoffeln

Theo: »Meine Oma findet ihr Borschtschrezept am besten. Ihre Schwester sagt, das stimmt nicht. Da streiten sie sich gerne drüber. Ob nun Kartoffeln hineingehören oder nicht. Dass sie sich streiten, finde ich lustig. Nervig ist, dass man so lange auf die Suppe warten muss, weil sie ganz lange ziehen muss. Dabei knurrt mein Magen immer schon so.«

Ein russisches Sprichwort heißt: »Gutes Essen macht klug!« Vielleicht kommen deshalb so viele Schachweltmeister aus Russland.

MEIN LIEBLINGSGERICHT NR. 1

SAUERKRAUTTOPF »SCHTSCHI«

(Zutaten siehe rechts)

A

B

C

Kennt ihr das Sprichwort »Sauer macht lustig«? Das haben wahrscheinlich die Russen erfunden – die kennen nämlich über 80 verschiedene Zubereitungsarten für ihre leckere Sauerkrautsuppe.

1 *Gemüsebrühe in den Topf geben, auf eine Herdplatte stellen, auf mittlere Hitze einschalten.*

2 *Sauerkraut zur Brühe geben (A), alles gut verrühren und mit dem Deckel auf dem Topf etwa 8-10 Minuten köcheln lassen.*

3 *In der Zwischenzeit Rinderfilet und Schinken (den Fettrand vorher entfernen) in feine Streifen schneiden. Champignons putzen (also das untere Ende der Stiele abschneiden und die Köpfe entweder mit feuchtem Küchenpapier abreiben oder die Haut mit dem kleinen Küchenmesser abziehen). Die Champignons in feine Scheibchen schneiden (B).*

4 *Fleisch, Schinken und Champignons zum Sauerkraut geben, alles mit Salz und Pfeffer würzen, gut vermischen und noch einmal etwa 5-6 Minuten köcheln lassen.*

5 *Sauerrahm mit 2 Prisen Salz in der kleinen Schüssel verrühren. »Schtschi« auf Teller verteilen und mit je 1 Klecks Sauerrahm servieren (C).*

DAS SIND DIE ZUTATEN FÜR 2 PORTIONEN:

500 ml Gemüsebrühe · 1 kleine Dose mildes Weinsauerkraut *(Abtropfgewicht 285 g)* **· 1 Scheibe Rinderfilet** *(ca. 60 g)* **· 2 Scheiben gekochter Schinken** *(ca. 50 g)* **· 60 g Champignons Salz, Pfeffer 2 EL Sauerrahm**

UND ZUM KOCHEN BRAUCHT IHR:

1 mittelgroßen Topf mit Deckel · 1 Dosenöffner · 1 Kochlöffel 1 Schneidebrett · 1 großes und 1 kleines Küchenmesser Küchenpapier · 1 kleine Schüssel · 1 Esslöffel

In 20-25 Minuten steht alles auf dem Tisch.

MEIN LIEBLINGSGERICHT NR. 2

RUSSISCHE EIER

(Zutaten siehe unten)

Wenn Gäste kommen, biegen sich in Russland die Tische!

1 *Eier 8 Minuten kochen. Dann abgießen und gründlich kalt abspülen.*

2 *Eier pellen, der Länge nach halbieren, das Eigelb herausnehmen und in die Küchenmaschine geben. Die Eihälften auf den Teller legen.*

3 *Apfel und Zwiebel schälen, grob würfeln und zum Eigelb in die Küchenmaschine geben. Bismarck hering in Stücke schneiden, mit 1 Esslöffel Mayonnaise und je 1 Teelöffel Ayvar, Kapern und Zitronensaft ebenfalls in die Küchenmaschine geben, alles ganz fein pürieren.*

4 *Püree in die Schüssel füllen und mit Salz und Pfeffer abschmecken. Mit Haushaltsfolie abdecken und für mindestens 30 Minuten in den Kühlschrank stellen, damit es etwas fester wird.*

5 *Nach etwa einer halben Stunde die Fischcreme in die ausgehöhlten Ei-Hälften füllen, mit den restlichen Kapern dekorieren und servieren.*

DAS SIND DIE ZUTATEN FÜR 4 PORTIONEN:

4 Eier *(Größe L)* · **½ kleiner Apfel · ½ kleine Zwiebel · 1 eingelegter Bismarckhering** *(ca. 80 g)* **1 EL Mayonnaise · 1 TL Ayvar** *(Paprikapüree, aus dem Glas)* · **3 TL kleine Kapern** *(aus dem Glas)* · **1 TL frisch gepresster Zitronensaft · Salz, Pfeffer**

UND ZUM KOCHEN BRAUCHT IHR:

1 Topf · 1 Küchenwecker · 1 Küchenmesser 1 Schneidebrett · 1 Teller · 1 Küchenmaschine oder Mixer · 1 Esslöffel · 1 Teelöffel · 1 Schüssel

15 Minuten fürs Eierkochen und die Fischpaste – dann müsst ihr noch 30 Minuten Kühlzeit Geduld haben, bis ihr die Eier füllen und servieren könnt.

MEIN LIEBLINGSFEST

MASLENIZA – BUTTERWOCHE

die Woche vor der Fastenzeit, 8 Wochen vor Ostern

Pfannkuchen satt

Pfannkuchen, bis man nicht mehr kann, die werden in der Masleniza, der Butterwoche gegessen (*maslo* = Butter). Das ist die Vorbereitungswoche auf die Fastenzeit. Bei weitem nicht alle Russen fasten sieben Wochen vor Ostern, essen in dieser Zeit also ausschließlich Gesundes wie Getreide und Gemüse. Aber fast alle machen bei der Butterwoche mit. In der Zeit darf man nämlich kein Fleisch mehr essen, dafür aber Fisch, Eier und Milch.

Theo: »Meine Mutter macht die besten Pfannkuchen der Welt. Die sind nicht so dick wie in Deutsch-

Was steckt in der Matroschka?

Beliebtes Spielzeug: die Holzpuppe mit Innenleben.

land, sondern ganz dünn. So wie diese Crêpes aus Frankreich. Ich esse sie am liebsten mit Marmelade, saurer Sahne oder Kondensmilch. Manchmal auch mit Fisch. Ganz wichtig ist, dass keine Löcher drin sind.«

Winter ade!

Mit der Masleniza-Woche wollte man früher den Winter verabschieden und den Frühling begrüßen. So stand an jedem Tag etwas anderes auf dem Programm. Das wird auch heute noch oft so gemacht.

Theo: »Montags ist es immer toll. Wenn noch Schnee liegt, rodeln wir mit Freunden, oder sonst schaukeln wir und spielen. Meine Oma hat erzählt, dass sie früher immer eine große Puppe aus Stroh gebastelt hat, die Masleniza-Puppe. Das hat sie mit uns auch einmal gemacht. Am Dienstag spielen wir auch, und dann gibt´s endlich Pfannkuchen. Wir machen auch immer eine Schneeballschlacht. Da darf jeder jeden einseifen.«

Leckermäulchen

Am Mittwoch, am sogenannten Tag des Leckermäulchens, gehen die Schwiegersöhne zum Pfannkuchenessen zu den Schwiegermüttern und laden diese dann am Freitag zu sich nach Hause ein.
Am Wochenende besucht man noch Verwandte und entschuldigt sich für Dinge, die nicht so nett waren, um befreit in den Frühling zu gehen. Früher hat man dann auch die Masleniza-Puppe verbrannt.

Theo: »Meine Mutter sagt immer: Egal ob man gläubig ist oder nicht, nach diesen vielen Pfannkuchen müsste eigentlich jeder fasten, denn man nimmt total zu. Wie viel sie zugenommen hat, will sie nie verraten. Ihre Schwester jammert auch jedes Mal darüber. Aber sie ruft trotzdem jedes Jahr bei meiner Mutter an und fragt, wann die Masleniza-Woche noch mal genau losgeht.«

Diese Matroschka hat vier Kinder.

VOKABELN

RUSSISCHER BUCHSTABENSALAT

DEUTSCH	RUSSISCH	AUSSPRACHE
Hallo!	привет	priviet
Tschüss!	пока	paka
Danke!	спасибо	spassiba
Bitte!	пожалуйста	poschalsta
ich	я	ja
du	ты	töi
Mama	Мама	mama
Papa	Папа	papa
Wie geht es dir?	Как дела?	kaka djela
Wie heißt du?	Как тебя зовут?	kak tebja savut
Deutschland	Германия	germanija
Russland	Россия	rassija
ja	да	da
nein	нет	njet
Katze	кошка	koschka
Hund	собака	ßabaka
kochen	варить, готовить	gatovit
Milch	молоко	maloko
Kartoffel	картошка	kartoschka
Idiot	дурак	durak
lachen	смеяться	smejatsja
Ball	мяч	mjatsch
1, 2, 3	раз, два, три	ras, dva, tri

Schweden

Schweden
Schweden

LINDA, 6 JAHRE

BLAU MACHEN

In Schweden kann man viele Beeren pflücken. Streck mal die Zunge raus! Daran kann man sehen, welche Beeren man gerade gegessen hat. Bei Blaubeeren ist die Zunge nämlich ganz blau. Oft pflücken die schwedischen Kinder auch kleine Erdbeeren und spießen sie auf Grashalme auf. Dann legen sie sich ins Gras und essen die Beeren eine nach der anderen wieder herunter.

Toller Troll

Linda: »Mit unseren Freunden haben wir einmal im Wald eine Höhle aus Steinen gebaut. Für den Troll, der da wohnen soll. Wir haben ihm ein bisschen Milch hingestellt, und am nächsten Morgen war sie nicht mehr da. Aber er hat sie getrunken, als wir schon weg waren. Den Troll hat nämlich von uns leider noch nie jemand gesehen.«

Taghell

Wer sich selber auf die Lauer legen will, sollte das um den 21. Juni herum versuchen. Da ist Mittsommer, der längste Tag des Jahres, und es wird nachts fast nicht dunkel. An diesem Tag muss auch niemand zur Schule gehen.
Die schwedischen Kinder gehen in gemischte Klassen. Ein Erstklässler hat also Unterricht zusammen mit Zweit- und Drittklässlern. Wenn die Eltern lange arbeiten, können die Kleinen sogar manchmal im Hort übernachten. An Mittsommer denkt man aber gar nicht ans Schlafen. Da schmücken die Familien den Maibaum und tanzen um ihn herum, genau wie im Dezember um den Weihnachtsbaum.

Hering ist eine schwedische Spezialität.

Fleischbällchen, Frikadellen oder Buletten – auf Schwedisch einfach nur: köttbullar.

Frösche und Traumprinzen

Die Kinder binden sich Kränze und tragen sie auf dem Kopf. Und sie singen dazu, oder sie quaken: »*Små groderna*«. So heißt nämlich ein bekanntes Lied: »Die kleinen Frösche«.

Linda: »Alle Mädchen sind an Mittsommer besonders aufgeregt. Wir klettern dann über sieben Zäune, pflücken sieben verschiedene Sorten Blumen und legen die unter unsere Kopfkissen. Es heißt, dass man dann in der Nacht von seinem zukünftigen Ehemann träumt. Ich hoffe ganz doll, dass ich dann nie vom Troll träume.«

Schwedischer Winter

Trolle verstecken sich übrigens ganz schnell vor Tieren. Zum Beispiel vor Huskys, den Schlittenhunden, einer Mischung aus Wolf und Hund. Mit denen kann man richtige Touren durch Schweden machen.
Im tief verschneiten Winter müssen auch einige Kinder hoch oben im Norden wie in Lappland mit dem Schlitten zur Schule, über zugefrorene Seen und durch weiße Wälder. Oder sie schnappen sich die Skier.

Knäckebrot

Vorher stärken sie sich aber mit einer der 100 Sorten Knäckebrot mit Sesam, Mohn oder Zimt. Knäckebrot stammt aus der Wikingerzeit, als man ein Brot brauchte, das lange hält, weil die Wassermühlen im Winter einfroren.
Apropos frieren: Mit gefütterten Schuhen und Filzeinlegesohlen frieren einem auch im schwedischen Winter die Zehen nicht ab.

MEIN LAND

»SEENSWÜRDIGKEITEN«

Versucht mal, die schwedischen Seen zu zählen! Das schafft kaum einer, denn es sind sehr viele.

Es sind rund 100 000, die größten sind der Vänern und der Vättern. In Schweden kann man stundenlang unterwegs sein, ohne einem Menschen zu begegnen, so viele einsame Felder, Wiesen und Wälder gibt es dort. Das Land ist viel größer als Deutschland, hat aber viel weniger Einwohner. Und in den Seen kann man gut angeln und auch baden. Alles ist ruhig, und das Leben geht ein bisschen gemütlicher und langsamer als anderswo voran.

Schwedenrot

Schon von weitem leuchten die typischen schwedischen Häuser. Die sind aus Holz und fast alle im selben Rot gestrichen. Das ist das so genannte Faluner Rot. Die Pigmente für die recht billige Schlammfarbe kommen aus dem alten Kupferbergwerk in der Stadt Falun.
An manchen der roten Häuser steht »*Loppis*« dran, das ist so eine Art Privat-Flohmarkt. Beliebt sind bei den Schweden auch Auktionen.

Blick auf Stockholm, die Hauptstadt von Schweden.

Drinnen und draußen ist Schweden sehr grün.

Linda: »Als ich das erste Mal auf einer Auktion war, habe ich mein ganzes Taschengeld mitgenommen. Vorher kann man sich die Sachen ja angucken, die versteigert werden. Ich wollte unbedingt so einen kleinen Spielzeugherd haben. Da hab ich dann mitgeboten – also, mein Vater hat das für mich gemacht. Der Auktionator hat mit dem Hammer auf einen Tisch gehauen, und der Herd gehörte mir. Da war ich echt stolz!«

Gelb = Geld

Wenn ein Haus gelb gestrichen ist, sollen die Leute darin besonders reich sein. Die gelbe Farbe ist nämlich viel teurer als die rote. Die haben dann viele Kronen – so heißt das Geld, mit dem man in Schweden bezahlt.

Königlich

Apropos Krone: Der König von Schweden, Carl Gustav, wohnt in der Hauptstadt Stockholm. Seine Frau Silvia ist Deutsche. Sie hat ihn vor vielen Jahren während der Olympischen Spiele in München überall herumgeführt, und er hat sie danach vor den Traualter geführt. Ihre drei Kinder sind zwei echte Prinzessinnen und ein Prinz.

Linda: »Ich glaube, Prinzessinnen mögen auch gerne Zuckerstangen. Bei uns gibt es überall die rot-weiß gestreiften aus Pfefferminz. Die müsst ihr probieren! Ich habe schon mal zugeguckt, wie sie gemacht werden. Ich glaube, ich könnte das nicht. Bei mir würde das mit der weißen und der roten Zuckermasse nachher nicht so ordentlich aussehen.«

DAS IST TYPISCH SCHWEDISCH

ECHTE ELCHE

Was haben Möpse und Elche gemeinsam? Einige Urlauber mopsen gerne mal die Straßenschilder mit den Elchen drauf. Diese dreieckigen Schilder gibt es deswegen extra schon in Läden zu kaufen. Wenn man die Augen offen hält, kann man echte Elche sehen. Ungefähr 350 000 gibt es im ganzen Land. Die riesigen Geweihe oder Schaufeln haben aber nur die Männchen.

Linda: »Ich hab schon mal einen echten Elch ganz aus der Nähe gesehen. Da hatte ich schon ein bisschen Angst. Er stand abends direkt vor unserem Auto auf der Straße. Papa hat schnell die Scheinwerfer vom Auto ausgemacht, weil die Elche nämlich stehen bleiben und da reinglotzen. Der Elch ist dann in den Wald gelaufen. Das fand ich total aufregend.«

Aus der Wikingerzeit: Rund 100 Knäckebrotsorten gibt es, auch mit Mohn, Sesam oder Zimt.

Die Fischbrötchen sind richtig lecker, findet Lars.

Das Holzpferd-Schnitzen war früher ein beliebter Zeitvertreib.

Schnell wie der Blitz

Manchmal streitet der Elch sich mit den Hirschen darum, wer die besten Blätter, Baumrinden, Pilze, Moose oder Beeren abkriegt. Fleisch essen sie nicht. Elchfleisch sollte man aber einmal probieren, denn jemand hat mal behauptet, dass man davon dreimal so schnell wird. Da könnte man glatt Weltrekord laufen.

Dickes Fell

Ihr Fell ist dick genung, damit sie bei minus 40 Grad nicht frieren. Das Problem ist nur, dass im Winter der Schnee die Nahrung bedeckt. Deswegen leben Elche im Winter meist von ihren Fettreserven und bewegen sich nicht viel. Im Frühjahr futtern sie dann bis zu 25 Kilo am Tag.

Elchsprache

Können Elche eigentlich auch reden? Sie unterhalten sich sogar sehr gern, das machen sie aber selten durch Laute, sondern viel mehr durch Gesten, mit den Ohren und den Augen. Wenn Elche also wie Kinder fluchen möchten, mit »*För sjutton*!« (das heißt »Zum Kuckuck!«), dann zuckt bei ihnen das linke Ohr. Oder war es das rechte?

So ein Tier wiegt übrigens bis zu 800 Kilo. Das passt wahrscheinlich kaum ins Bett rein, aber trotzdem sollte man zumindest mal von einem Elch träumen, weil das nämlich ein langes und glückliches Leben verspricht. Also: Lieber von einem Elch als von einem Troll träumen!

KLEINE BÜFETT-KUNDE

TISCHLEIN DECK DICH

In Schweden feiert man gern. Und dabei gibt es immer reichlich zu essen.

Beim schwedischen Büfett, dem *Smörgåsbord*, kann man sich bei kalten Salaten, Meeresfrüchten, Lachs, Käsekuchen und Butterbrot bedienen. Die Kinder greifen vor allem bei den *köttbullar*, den berühmten schwedischen Fleischbällchen, zu. Die Erwachsenen mögen Kartoffel-Auflauf mit Anchovis oder Heringen: *Janssons frestelse*, das bedeutet »Janssons Versuchung«.
Es heißt, dass früher mal eine Köchin heimlich in einen Gast namens Jansson verliebt war und sich für ihn diesen Auflauf ausgedacht hat.

Öl = Bier

Linda: »Ich muss immer noch lachen, wenn ich daran denke: Unser Tisch ist einmal zusammengebrochen, als meine Mutter ganz viele Schüsseln und Teller draufgestellt hat. Die Essenssachen haben wir dann schnell woanders hingebracht, nur ein bisschen ist runtergekleckert. Und dann hatten wir noch deutsche Kinder zu Gast. Die haben sich auf ihren Salat ›Öl‹ gekippt. Dabei heißt das schwedische Wort *öl* auf Deutsch Bier! Das war das witzigste Smörgåsbord, das wir je hatten.«

Zungenbrecher. »Wir fischen frischen Fisch in Schweden«.

MEIN
LIEBLINGSGERICHT NR.1
KARLSSONS FLEISCHBÄLLCHEN MIT SÜSSER SAUCE

(Zutaten siehe rechts)

A

B

C

Weil die »*Köttbullar*« so lecker sind, machen wir gleich eine große Portion!

1 *Hackfleisch in die große Schüssel geben. Zwiebel schälen und auf der Gemüsereibe zum Hackfleisch reiben. Das Ei zugeben, salzen und pfeffern, mit der Gabel vermischen.*

2 *Zwiebackscheiben in kleine Stücke brechen, in eine der mittelgroßen Schüsseln geben. 60 Milliliter Milch im Messbecher abmessen und über die Zwiebackstücke gießen (A). Alles etwa 5 Minuten durchziehen lassen, dann mit der Gabel gut zerdrücken und mit dem Hackfleisch vermischen.*

3 *Mit angefeuchteten Händen aus dem Fleischteig walnussgroße Bällchen formen (B) und auf den Teller legen.*

4 *Preiselbeeren in eine Schüssel geben, mit Zitronensaft, Orangensaft und Honig vermischen.*

5 *1 Esslöffel Öl in der Pfanne erhitzen, die Hälfte der Fleischbällchen bei mittlerer Hitze in 8-10 Minuten knusprig-braun braten, dabei mehrmals wenden (C). Küchenpapier auf den zweiten Teller legen, die gebratenen Bällchen darauf abtropfen lassen. Den zweiten Esslöffel Öl in die Pfanne geben und die restlichen Fleischbällchen braten. Mit Preiselbeersauce servieren.*

DAS SIND DIE ZUTATEN FÜR 4 PORTIONEN:

500 g Rinderhackfleisch · 1 Zwiebel · 1 Ei *(Größe M)* **· Salz · Pfeffer 5 Scheiben Zwieback · 60 ml Milch · 3 EL Wildpreiselbeeren** *(aus dem Glas)* **· 1 EL frisch gepresster Zitronensaft · 3 EL frisch gepresster Orangensaft · 1 TL Honig · 2 EL Öl**

UND ZUM KOCHEN BRAUCHT IHR:

1 große und 2 mittlere Schüsseln · 1 Schneidebrett · 1 Küchenmesser 1 Gemüsereibe · 1 Gabel · 2 Teller · 1 Messbecher · 1 Esslöffel 1 Saftpresse · 1 Teelöffel · 1 Pfanne · 1 Pfannenwender · Küchenpapier

Bis zum Fleischbällchen-Wettessen müsst ihr etwa 40 Minuten rechnen.

MEIN LIEBLINGSGERICHT NR. 2

SCHWEDISCHE FISCHBRÖTCHEN

(Zutaten siehe unten)

Der marinierte »*Graved Lax*« ist eine echt schwedische Delikatesse.

1 *Die Salatgurke schälen, auf dem Salathobel über einer Schüssel in feine Scheiben schneiden. Salz und Pfeffer, 1 Teelöffel Puderzucker und 1 Esslöffel Weißweinessig zugeben, alles gut vermischen.*

2 *In der zweiten Schüssel süßen und mittelscharfen Senf mit dem zweiten Teelöffel Puderzucker, dem zweiten Esslöffel Weißweinessig und dem fein gehackten Dill vermischen. Das Eigelb zugeben, mit der Gabel zerdrücken, alles noch einmal gut verrühren und mit Salz und Pfeffer abschmecken.*

3 *Brötchen aufschneiden, mit den Graved-Lax-Scheiben belegen. Senfsauce und marinierte Gurkenscheiben darauf verteilen, Brötchen zusammenklappen und am besten gleich aufessen!*

DAS SIND DIE ZUTATEN FÜR 2 PORTIONEN:

¼ Salatgurke · Salz · Pfeffer · 2 TL Puderzucker 2 EL Weißweinessig · 1 EL süßer Senf · 1 EL mittelscharfer Senf · 1 EL fein gehackter Dill 1 hart gekochtes Eigelb · 2 Brötchen · 2 Scheiben Graved Lax *(gibt's beim Fischhändler oder abgepackt im Kühlregal im Supermarkt)*

UND ZUM KOCHEN BRAUCHT IHR:

1 Gemüseschäler · 1 Gemüsehobel · 2 Schüsseln · 1 Teelöffel · 1 Esslöffel ·1 Gabel · 1 Brotmesser

15 Minuten – und die Schwedenbrötchen sind essfertig!

MEIN LIEBLINGSFEST

SANTA LUCIA

13. Dezember

Krone aus Kerzen

Wer kann mehrere Kerzen auf seinem Kopf balancieren? Das muss die Santa Lucia können, die Heilige, die vor vielen Jahrhunderten aus Italien nach Schweden gekommen ist. Am 13. Dezember schwebt sie jetzt immer ein. Sie trug damals auch Kerzen auf dem Kopf, damit sie die Hände frei hatte, um anderen Christen

Die riesigen Geweihe haben nur männliche Elche – der Kerzenhalter stellt also einen Elchbullen dar.

Schwedische Plätzchen schmecken nicht nur zu Weihnachten.

heimlich Lebensmittel zu bringen. Und dieser 13. war früher mal der kürzeste Tag im Jahr. Deswegen freute man sich auf das Licht, das sie bringt.
Die Kinder freuen sich vor allem, wenn sie alt genug sind, um echte Kerzen tragen zu dürfen, denn die Kerzen auf dem Kopf sind meist elektrisch, damit sich niemand verbrennen kann.

Linda: »Ich war schon mal die Lucia. Da hatte ich ein tolles weißes Kleid an und ein rotes Tuch als Gürtel um. Das Schönste war die Krone, die ich aufhatte, mit den Kerzen drauf. Hinter mir sind Kinder als Dienerinnen und Sternenjungen gelaufen. Und auf dem Weg standen Heinzelmännchen mit Laternen. Ich freu mich ja auch immer auf Weihnachten, aber das Lucia-Fest finde ich besonders toll, weil da alles so schön leuchtet.«

Gluck, gluck: Glögg

Zur Lucia-Feier gibt es *glögg*, eine Art Glühwein mit Gewürzen, Rosinen und Mandeln, und dazu *lussebullar*, das sind Brötchen aus Safran und Pfefferkuchen.
Und natürlich wird das Lucia-Lied gesungen – das ist so schön, dass man eine Gänsehaut bekommt.

Wichtel-Weihnacht

Die Lucia ist ein Vorbote fürs Fest und leuchtet schon mal dem Weihnachtsmann den Weg, damit er zusammen mit dem Wichtel Tomte die Geschenke bringen kann. Ihm stellen die Kinder dafür eine Schüssel warmen Reisbrei vor die Tür.

Die Familie Wasa hat den ersten schwedischen König gestellt, heute sind Knäckebrot und Zwieback unter diesem Namen bekannt.

VOKABELN

SCHWEDISCHER BUCHSTABENSALAT

DEUTSCH	SCHWEDISCH	AUSSPRACHE
Hallo!	Hej!	hei
Tschüss!	Hej då!	hei do
Wie geht`s?	Hur är det?	hür ärde
Danke!	Tack så mycket!	taxo mücke
Nichts zu danken.	Varsågod	warschogud
Entschuldigung.	Förlåt.	förlot
Prost!	Skål!	skol
ja	ja	ja
nein	nej	nei
Ich heiße	Jag heter ...	jo häter
du	du	dü
Vater/Papi	far/pappa	far/papa
Mutter/Mami	mor/mamma	mur/mama
Deutschland	Tyskland	tüskland
Schweden	Sverige	swärje
Mittsommer	midsommar	mitsoma
Brot	bröd	bröd
Käse	ost	ust
Bier	öl	öl
Zum Kuckuck!	För sjutton!	för chütton
Zuckerstange	polkagris	polkagris
Elch	älg	elj
Erdbeere	jordgubb	jordgub
1, 2, 3	ett, två, tre	et, two, tre

Türkei

Türkei
Türkei

ALMINA, 9 JAHRE

ALLES BANANE, ODER WAS?

»Bana ne!« Wenn ein türkisches Kind das sagt, heißt es nicht, dass es eine Banane essen will, es bedeutet: »Mir doch egal!« Das würde es manchmal gerne rufen, wenn es Zeit ist ins Bett zu gehen.

Großfamilien

In der Türkei sind es übrigens nicht immer die Eltern, die die Gutenachtgeschichte erzählen. Das können auch der Opa, die Oma, der große Bruder oder die Tante sein. In der Türkei wohnen nämlich meistens viele Familienmitglieder zusammen. Es gibt zwar große Unterschiede zwischen dem Leben in der Stadt und auf dem Land, aber eins ist überall gleich: Familien helfen sich gegenseitig, und die Großeltern gehören mit ins Haus. Altersheime gibt es kaum.

Almina: »Mein Opa hat es richtig gut. Der setzt sich immer auf den bequemsten Stuhl. Weil er der Älteste ist, darf er das nämlich. Meistens darf ich neben Opa sitzen. Das finde ich toll! Wir haben viele Stühle, weil bei uns oft Gäste sind. Die kriegen dann Tee bei uns, und wenn Kinder dabei sind, spielen wir zusammen. Fußball mag ich ja am liebsten. Oder ich zeige ihnen den streunenden Hund. Der mag mich richtig gerne, ich hab ihn Meme genannt.«

In der Großstadt gibt es auch Kinos. Und mehr Schulen und Lehrer als auf dem Land. Wenn es hier zu wenige Lehrer gibt, wechseln sich die Kinder ab: Eine Hälfte geht morgens in die Schule, die andere Hälfte nachmittags.

Mütter und Mädchen

Bis die Mädchen zwölf sind, machen sie das Gleiche wie die anderen Kinder. Danach sind sie dann mehr mit den Müttern zusammen und helfen ihnen in der Küche. Blöd finden sie es, dass der Bruder oft petzt, wenn sie sich heimlich mit einem Jungen

Zwiebeln gehören in jeden Döner.

In der Türkei sagt man: Iss Tomaten, und du hast gutes Blut und bleibst gesund!

treffen. In dem Alter können die Mädchen auch anfangen, ein Kopftuch zu tragen, das gehört zur Religion im Islam.

Muslime und Moscheen

In der Türkei sind sehr viele Menschen Muslime. Sie beten fünfmal am Tag, knien dabei auf dem Boden und schauen Richtung Osten, weil dort die heilige Stadt Mekka liegt. Das tun aber nicht alle.
Wenn der Vater sagt: »Wir gehen freitags immer in die Moschee«, also in die türkische Kirche, dann wird das gemacht, wenn er das nicht will, dann nicht.

Die Tante muss mit

Almina: »Mein Vater ist ein bisschen streng. Strenger als der von meiner Cousine, die in Istanbul wohnt. Meine große Schwester wollte auch gerne nach Istanbul ziehen. Sie möchte nämlich Krankenschwester werden. Aber Papa hat gesagt, das geht nur, wenn unsere Tante oder jemand anderes von den Großen mitkommt.«

Hochzeit

Solange die Kinder nicht verheiratet sind, wohnen sie zu Hause bei den Eltern. Es kommt vor, dass ein Vater zu seiner Tochter sagt, sie soll einen Jungen aus der Nachbarschaft heiraten.
So eine Hochzeitsfeier kann drei Tage dauern. Als Geschenke von den Angehörigen gibt es den Koran – der ist das, was für Christen die Bibel ist. Mehl, Brot, Reis und Salz kommen auch dazu, damit sich das Brautpaar nie streitet, auch nicht mit seinen Kindern. Ob das klappt? Irgendwann werden die bestimmt auch mal ›*Banane*!‹ denken.«

MEIN LAND

WO GEHT DIE SONNE AUF?

Was ist der Bosporus? Das ist eine Meerenge, die Istanbul teilt.

Die Stadt Istanbul ist sowohl europäisch als auch asiatisch, denn die Türkei liegt auf zwei Kontinenten, Europa und Asien.
Man spricht auch vom Okzident, was Westen bedeutet, und vom Orient, das ist der Osten. Ihr könnt auch Morgen- und Abendland sagen: Die Sonne geht ja im Osten auf und im Westen unter.

Almina: »Ich kenne einen tollen Trick, wie man sich merken kann, wo Norden ist. Kennt ihr den Spruch ›Nie ohne Seife waschen‹? Die Anfangsbuchstaben stehen für Norden, Osten, Süden, Westen. Und so weiß man die Reihenfolge, wenn man im Uhrzeigersinn geht. Das Blöde ist nur, dass das auf Türkisch nicht klappt, denn da heißt der Satz ja ganz anders.«

Die blaue Moschee in Istanbul.

Tee heißt auf Türkisch Cay, und es gibt ihn an jeder Ecke.

Städte und Dörfer

Wer schon mal in den Ferien in der Türkei war, kennt vielleicht **Antalya**, **Izmir** oder die Hauptstadt **Ankara**. Das ist aber noch lange nicht alles, denn das ist nur ein kleiner Teil des Landes. Die Dörfer darf man nicht vergessen, wie die in Anatolien zum Beispiel.

Bitte feilschen!

In der Türkei gibt es viele Basare. Dort werden zum Beispiel Taschen aus Leder oder Teppiche und Sachen aus Gold verkauft.

Almina: »Ich verrate euch mal, was ihr auf den Basaren machen könnt: Ihr dürft nie das bezahlen, was der Verkäufer verlangt. Das ist nämlich nur ein Spiel. Ihr müsst dann sagen, dass euch das viel zu teuer ist und ihr nur die Hälfte zahlt. Und dann geht ihr einfach weg. Wetten, dass der Händler euch wieder zurückwinkt und euch das gibt, was ihr haben wolltet? Denen macht es Spaß, wenn man um die Preise feilscht.«

DAS IST TYPISCH TÜRKISCH

IM SCHWITZKASTEN

Im Hamam kommt man ganz schön ins Schwitzen.

Ein Hamam ist so eine Art Sauna, auch türkisches Dampfbad genannt. Dort kann man in ein Handtuch gewickelt auf einem heißen Stein liegen, bevor man massiert oder gewaschen wird.

Katzenwäsche?

Almina: »Ich finde ja nicht, dass man sich ständig waschen muss. Was meine Eltern finden, könnt ihr euch sicher denken. Im Hamam bin ich mal mit einem Handschuh abgerubbelt worden. Ich fand nicht, dass ich dreckig war, aber als sie losgeschrubbt haben, sind ganz viele kleine schwarze Kügelchen runtergekommen. Das war alles Schmutz! «

Alle Tassen im Schrank!

Nebenbei wird im Hamam das türkische Nationalgetränk serviert, der Tee. Den trinken Frauen und Männer so gut wie rund um die Uhr, Kinder kriegen davon aber meist nur eine Tasse am Tag.
Die Hamam-Bäder sind nach Geschlechtern getrennt. Männer rasieren sich dort, und Frauen färben sich gerne die Haare, manchmal mit dem rot-braunen Farbstoff Henna.

Zauberei: Die roten Linsen werden beim Kochen gelb.

KLEINE DÖNER-KUNDE

ALLES DREHT SICH NUR UM EINS

Da könnte man glatt einen Drehwurm bekommen, wenn man dem Döner bei der Arbeit zuguckt.

Döner kommt von dem türkischen Wort *dönmek* für drehen, weil das marinierte Fleisch ja auf einen Spieß gesteckt wird, der sich dreht.
Das gegrillte Fleisch kommt mit rohen Zwiebeln und Salat in eine Pide, das aufgeschlitzte runde Fladenbrot.
Eigentlich bestellt man nicht nur einen Döner, sondern einen Döner Kebap, weil Kebap Grillfleisch heißt. Oder einen Dürüm Döner, einen gerollten Döner in einem dünnen Fladen, der wie ein Pfannkuchen aussieht.

Welches Fleisch?

In der Türkei verwendet man Hammel- oder Lammfleisch. So ähnlich wie der Döner ist der griechische Gyros, nur aus Schweinefleisch. Schwein essen viele gläubige Türken aber nicht, weil das bei den Muslimen verboten ist.

Darf in keinem Döner fehlen: Tomaten, Zwiebeln und Salat.

Blutrote Tomaten

Almina: »Die Erwachsenen wollen immer, dass wir Tomaten essen. Sie sagen, wenn man keine Tomaten isst, kriegt man kein Blut, und Blut ist wichtig, damit man gesund bleibt. Ich mag Tomaten gar nicht so gern, lieber den ganzen Döner, auch mit dem Brot. Türken dürfen aber kein Brot im Stehen essen. Davon könnte was runterfallen und man drauftreten. Und das haben die Propheten auch nicht getan. Wenn man den Döner bezahlt, kann man auch als Kind die Geldscheine nicht verwechseln. Die haben in der Türkei nämlich alle unterschiedliche Farben. Rot ist 10, Grün 20 und Lila 1.«

MEIN LIEBLINGSGERICHT NR.1

PFANNEN-DÖNER *(Zutaten siehe rechts)*

Na klar, eigentlich werden die leckeren Döner-Fleischstückchen von einem riesigen Fleischberg am Drehgrill heruntergesäbelt. Aber zu Hause solltet ihr ruhig mal unseren »So-geht's-auch-Döner« aus der Pfanne probieren!

Für das Fleisch braucht ihr so etwa 10 Minuten, aber dann müsst die gewürzten Fleischstückchen noch mindestens 1 Stunde abgedeckt im Kühlschrank durchziehen. Um dann einen Döner daraus zu machen, müsst ihr noch einmal 15 Minuten einplanen.

1 *Putenschnitzel waschen, mit Küchenpapier trocknen und auf dem Schneidebrett quer in möglichst dünne Streifen schneiden. Putenstreifen in einer Schüssel mit Olivenöl, 1 Esslöffel Zitronensaft, der geschälten und durch die Presse gedrückten Knoblauchzehe, Oregano und etwas Salz und Pfeffer vermischen. Die Schüssel mit den Fleischstückchen mit Folie abdecken und für mindestens 1 Stunde in den Kühlschrank stellen.*

2 *Bevor es weitergeht, müsst ihr das Schneidebrett und das Messer heiß abspülen und abtrocknen. Tomaten waschen und quer in Scheiben schneiden (die letzte Scheibe mit dem Stielansatz wegwerfen). Gurkenstück schälen und in Scheiben schneiden. Eissalatblätter waschen, mit Küchenpapier trockentupfen, übereinanderlegen und in feine Streifen schneiden. Zwiebel schälen, der Länge nach halbieren, dann in feine Streifen schneiden. Alle Zutaten nebeneinander auf einen großen Teller legen.*

3 *Den Joghurt in eine Schüssel geben, mit 1 Esslöffel Zitronensaft und 1½ Esslöffeln Sumach vermischen und mit Salz und Pfeffer würzen.*

4 *Fladenbrötchen so aufschneiden, dass man sie aufklappen kann und sie unten noch zusammenhalten.*

5 *Pfanne auf eine Herdplatte stellen, auf mittlere Hitze schalten, die marinierten Putenstreifen hinein geben und das Fleisch in 6-8 Minuten schön goldbraun und knusprig braten. Dabei alles immer wieder mit dem Pfannenwender umrühren.*

6 *Fladenbrötchen mit Tomate, Gurke, Eissalat, Zwiebeln, Joghurtsauce und gebratenem Fleisch füllen und sofort essen.*

DAS SIND DIE ZUTATEN FÜR 2 PORTIONEN:

1 großes Putenschnitzel *(ca. 200 g)* · **2 EL Olivenöl · 2 EL Zitronensaft 1 Knoblauchzehe · 1 TL Oregano** *(getrocknet)* · **Salz · Pfeffer · 2 Tomaten · ¼ Salatgurke · 5 Blätter Eissalat · 1 kleine rote Zwiebel · 1 Becher Sahnejoghurt** *(150 g)* · **1½ EL Sumach** *(türkisches Spezialgewürz, gibt's in türkischen Lebensmittelgeschäften)* · **2 Sesamfladenbrötchen**

UND ZUM KOCHEN BRAUCHT IHR:

Küchenpapier · 1 Schneidebrett · 1 Küchenmesser · 2 Schüsseln Haushaltsfolie · 1 Knoblauchpresse · 1 Gabel · 1 Teller · 1 beschichtete Pfanne · 1 Pfannenwender

MEIN LIEBLINGSGERICHT NR. 2

TÜRKISCHER JOGHURT-DRINK

(Zutaten siehe unten)

Hier gibt's »*Ayran*« (so heißt das Getränk in der Türkei) schön süß mit Honig – wer mag, kann den Sprudel-Joghurt aber stattdessen auch mit ein bisschen Salz würzen!

1 *Joghurt mit Honig in den Rührbecher geben, Mineralwasser dazu gießen, alles mit dem elektrischen Stabmixer gut vermischen.*

2 *Ayran auf 2 große Gläser verteilen, Strohhalm reinstecken und losschlürfen.*

DAS SIND DIE ZUTATEN FÜR 2 PORTIONEN:

1 Becher Sahnejoghurt *(150 g)*
2-3 EL flüssiger Honig
200 ml kaltes Mineralwasser mit Kohlensäure

UND ZUM KOCHEN BRAUCHT IHR:

1 hohen Rührbecher
1 Esslöffel
1 elektrischen Stabmixer
2 Strohhalme

Bis zum ersten Schluck daue
höchstens 5 Minuten!

YAYLA
YOĞURT
Joghurt
3,5% Fett
Katkısız

MEIN LIEBLINGSFEST

ZUCKERFEST

fällt jedes Jahr auf einen anderen Termin

Zuckerschlecken

Einen Weihnachtsbaum findet ihr in der Türkei nicht, weil Weihnachten ein christliches Fest ist. Das feiern moslemische Familien nicht. Wonach sich die türkischen Kinder die Finger lecken, ist das Zuckerfest, das sogenannte *Şeker Bayrami*. Das wird drei Tage lang gefeiert, wenn der Fastenmonat Ramadan vorbei ist.

Almina: »Wir Kinder müssen ja nicht mitmachen beim Fasten. Aber einmal hab ich versucht, den ganzen Tag nichts zu essen und zu trinken. Das fand ich ganz schön anstrengend. Aber man verhungert nicht, denn wenn es nicht mehr hell ist, also nachts, dürfen alle wieder essen.«

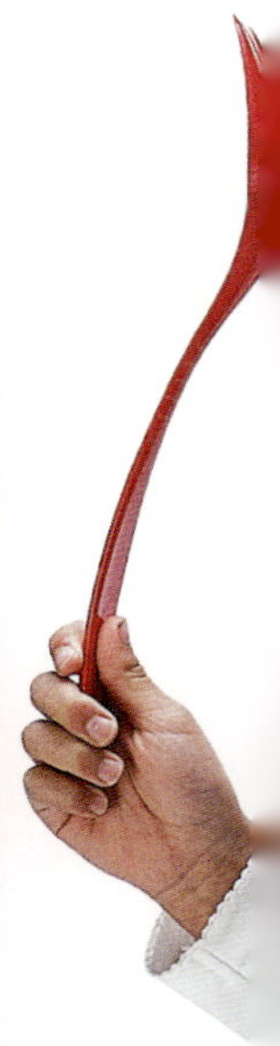

In der Türkei gibt es viele Sehenswürdigkeiten. Das sind die Überreste eines römischen Amphitheaters.

Dem kann keiner widerstehen: türkischer Honig

Als Belohnung wartet nach dem Ramadan etwas richtig Leckeres. In vielen Familien gibt es dann Süßes wie Bonbons oder Baklava aus Blätterteig mit Nüssen und Zuckersirup. Das haben die Kinder einem persischen König zu verdanken, der den Saft des Zuckerrohrs entdeckt hat. Die Familien besuchen ihre Bekannten und Verwandten, und die Kinder bekommen überall Süßigkeiten.

Nach dem Mond

Das Fest beginnt jedes Jahr zwölf Tage früher, weil es nicht nach unserem, sondern nach dem Mondkalender berechnet wird.

Almina: »Am Zuckerfest finde ich natürlich die Süßigkeiten am besten. Und dass dann alle immer so nett zueinander sind. Auch mein Bruder muss nett zu mir sein, obwohl er mich sonst so doll ärgert. Richtig gefreut hab ich mich über die neue Hose, die ich einmal gekriegt habe. Da hatte ich richtig viel Glück, weil irgendjemand auch noch Geld in meine Spardose geworfen hat.«

Burak probiert schon mal.

VOKABELN

TÜRKISCHER BUCHSTABENSALAT

DEUTSCH	TÜRKISCH	AUSSPRACHE
Hallo!	Merhaba!	merhaba
ja	evet	ewet
nein	hayir	hajia
ich	ben	ben
du	sen	sen
Vater	Baba	Baba
Mutter	Anne	Anne
Deutschland	Almanya	Almanja
Türkei	Türkiye	Türkijä
Katze	kedi	kede
Hund	köpek	köpek
gut	iyi	ije
lachen	gülmek	gülmek
Urlaub	izin	isin
Fladenbrot	pide	pide
drehen	dönmek	dönmek
Küche	mutfak	mutfak
essen	yemek	jemek
Milch	süt	schüt
Brot	ekmek	ekmek
Banane	muz	mus
schimpfen	kizmak	kismack
küssen	öpmek	öpmek
1, 2, 3	bir, ike, üc	bir, ike, ük

PARADISE FOU
girls
06

USA USA USA

MARIA, 6 JAHRE

ACHTUNG, WASCHBÄREN!

Wer bringt den Müll raus? Die Frage stellt sich in Amerika häufig, denn zwischen den Abfalleimern kann man Waschbären treffen. Im Staat Washington, eigentlich an der ganzen Ostküste, laufen die Bären herum und suchen nach Essensresten. Meistens sind sie harmlos, aber wenn sie tollwütig sind, können sie auch beißen.

Maria: »Meine Eltern sagen immer, ich soll vorsichtig sein mit den Waschbären. Ich finde aber, dass sie ganz süß aussehen. Sie sind ja auch nicht so groß. Trotzdem soll man sie nicht füttern. Sie können auch Haustiere angreifen, zum Beispiel Katzen.«

Mit 5 Jahren gehen alle Kinder in den USA in die Vorschule. Da lernen sie vielleicht sogar ein bisschen Deutsch, denn es gibt ein Wort, das die Amerikaner benutzen und das ursprünglich aus Deutschland kommt: Kindergarten.
Bevor es in die Grundschule geht, haben die Kinder eine Abschlussfeier. So ähnlich wie bei den Großen, wenn die ihre High-School-Diplome kriegen. Dann werden ihre Namen vorgelesen, und sie kommen alle nacheinander im gleichen Umhang und Hut auf die Bühne.

Ausgezeichnet!

Maria: »Richtig stolz war ich auf meine Cousine, als sie die Vorschule geschafft hat. Das haben wir ganz groß gefeiert. Sie hatte auch einen viereckigen schwarzen Hut auf mit so einem Bommel dran. Als sie ihr Zeugnis bekam, hat ihre Mama die ganze Zeit geweint, dabei war das überhaupt nicht traurig.«

Skyscraper nennt man die Wolkenkratzer, zum Beispiel in Chicago.

Burger schmecken Nicholas immer!

Allzeit bereit!

Drei Monate dauern die Sommerferien. Richtig lang? Ja, aber sie vergehen wie im Fluge, denn überall wird etwas angeboten für die Kinder. Zum Beispiel in einem richtigen Feriencamp. Da fährt man ganz ohne Eltern hin, zum Beispiel mit den Pfadfindern. Die Jungs und Mädchen dort heißen *Boy Scout* oder *Girl Scout*. Sie lernen zum Beispiel, wie man Feuer macht und wie man ein Zelt aufbaut. Die Pfadfinder sind sehr hilfsbereit und haben den Ehrgeiz, jeden Tag eine gute Tat zu tun. Dabei kümmern sie sich auch um ältere Menschen.

Maria: »Wir haben schon oft im Feriencamp Cookies oder Brownies gebacken, das sind Kekse und kleine weiche Kuchen. Die Cookies schmecken mir am besten mit Pfefferminz. Ich habe aber nur einen davon genascht, denn wir haben sie ja verkauft, um Geld zu sammeln und damit anderen zu helfen.«

Kunterbunt

Zum Geburtstag kriegen die Kinder dann aber ihren eigenen Kuchen, meist sogar eine Torte. Die ist quietschbunt mit jeder Menge Zuckerguss drauf. Und das Geburtstagskind darf sich aussuchen, welches Motiv auf die Torte soll: Dinosaurier vielleicht, Piraten oder ein Märchenschloss?

WEISST DU, WIE VIEL STERNLEIN STEHEN?

Die amerikanische Flagge erkennt man leicht. Das ist die mit den 50 Sternen drauf. Jeder Stern steht für einen Staat.

Die USA sind sehr groß. Eigentlich ist das Land wie ein ganzer Kontinent, allerdings noch größer als Europa. Und zu Amerika gehören die einzelnen Staaten, Städte und Gegenden wie Texas, New York mit der Freiheitsstatue und den Wolkenkratzern, die Südstaaten, Hawaii, die Hauptstadt Washington oder das warme Kalifornien.

Jeder Staat ein Stern

Maria: »Als ich klein war, hab ich selber nie kapiert, ob es nun Amerika oder USA heißt, bis mir jemand erklärt hat, dass USA eine Abkürzung ist für *United States of America*, also die Vereinigten Staaten von Amerika. Und das sind 50 Stück.«

Hängebrücke: Die Golden Gate Bridge ist das Wahrzeichen von San Francisco.

Lollies schmecken nicht nur zu Halloween.

Okidoki?

Gesprochen wird Englisch, allerdings mit einem amerikanischen Akzent. Viele englische Wörter benutzen wir auch bei uns, fast ohne es zu merken. *Okay* für »in Ordnung«, *cool*, wenn wir etwas gut finden, *Team* für eine Mannschaft, *Fast Food* für Essen, das schnell geht, wie Hamburger oder Cheeseburger, oder *Happy End*, das glückliche Ende in Filmen.

»Ti-äitsch«

Schwierig ist es, das th (sprich: ti-äitsch) auszusprechen.
Da muss man die Zunge von unten an die Vorderzähne halten, ein wenig so, als wenn man lispelt. Versucht das mal mit dem Wort »dieses« – »*this*«.

Denglisch

Es gibt auch Leute, die es nicht so gut finden, wenn man sich im Deutschen englische Wörter ausleiht. Denglisch wird das genannt, also der Mix aus beiden Sprachen. Aber wie kann man heutzutage ohne Englisch auskommen? Zum Beispiel am Computer, da heißt es Software, downloaden, E-mail und Server. Auch die Mouse, mit der man am Computer herumklickt, ist ein englischer Begriff. Aber da weiß man wenigstens sofort was gemeint ist, die Maus nämlich! Okidoki?

DAS IST TYPISCH AMERIKANISCH

AB INS KÖRBCHEN

Boing, boing ... Was ist das für ein Geräusch? So klingt es, wenn jemand einen Ball gegen das Basketball-Brett wirft. Das hört man in Amerika in fast jedem Vorhof oder an der Garage. Ball spielen die Kinder zu jeder Tageszeit vor, nach und in der Schule.

Maria: »Mein Bruder hat auch einen Basketballkorb, und neulich haben wir mal gezählt, wie viele Würfe er an einem Tag schafft: Es waren 387! Getroffen hat er aber nicht so oft. Jetzt hat mein Dad, also mein Papa, den Basketballkorb niedriger gehängt.

Nicholas liebt Basketball – wie fast alle amerikanischen Jungs.

Limonade mit frischen Zitronen ist typisch amerikanisch.

Die Blaubeermuffins kommen jetzt in den Ofen.

Ich geb dir einen Korb

Wer hat sich Basketball eigentlich ausgedacht? Das war vor über 100 Jahren ein junger Sportlehrer namens James Naismith, dem sein Chef sagte, er solle mal eine neue Sportart erfinden für die Wintermonate in der Halle. Die sollte nicht so brutal sein, und die Schüler sollten dadurch Lust aufs Spiel bekommen und nicht mehr so viel Quatsch machen.
Der Lehrer erinnerte sich an ein Spiel aus seiner Kindheit, bei dem man einen großen Stein mit kleinen Steinen von einem Felsen stoßen musste. Und außerdem an einen Ball, den man in einen Kasten werfen musste. Er hängte in der Sporthalle zwei große Pfirsichkörbe auf, schrieb 13 Regeln auf, gab den Kindern einen Fußball und sagte: »Jetzt müsst ihr nur noch in die Körbe treffen.« Und schon war Basketball geboren. Die meisten Regeln von damals gelten übrigens auch heute noch.

Touchdown und Homerun

Die Kinder in den USA mögen nicht nur Basketball, sondern auch Fußball, das heißt da aber *Soccer*. Viele Mädchen sind in Fußballmannschaften. Die amerikanische Frauen-Nationalmannschaft hat schon viele Pokale geholt.
American Football ist eine eigene Sportart, die in Deutschland nicht so bekannt ist. Habt ihr den Begriff *touchdown* schon mal gehört? So heißt es, wenn man den ovalen Football hinter der Linie ablegt.
Auch Baseball ist ein großes Sommervergnügen. Dabei hat man eine Keule in der Hand und muss den anfliegenden Ball treffen und so weit wie möglich wegschlagen. Wenn man es schafft, einmal ganz ums Feld herumzulaufen, hat man einen *homerun* geschafft, ist also heil nach Hause gekommen.

PUMPKIN –
KLEINE KÜRBIS-KUNDE

RIESENDING

Wie viel wiegt wohl der schwerste Kürbis der Welt? Fast 700 Kilogramm, so viel wie zehn Menschen. Dieser Riesenkürbis ist in den USA gewachsen, da heißt Kürbis *pumpkin*. Die Amerikaner haben viele Kürbisrezepte.
Kürbisse haben ganz verschiedene Farben und Formen. Man unterscheidet zwischen Speise- und Zierkürbissen. Besonders seltsam geformt ist der Flaschenkürbis, aus dem Trinkgefäße oder auch Musik instrumente gemacht werden.

Gruselgesichter

Die typischen dicken, roten, amerikanischen *pumpkins* wachsen am Boden, und man erntet sie im Herbst. Für Halloween werden sie ausgehöhlt und mit witzigen und gruseligen Gesichtern verziert. Wenn man dann eine Kerze hineinstellt, sieht das toll aus.

Überall Kürbis

Maria: »Am liebsten knabber ich Kürbiskerne, die kann man in der Pfanne rösten und mit Salz bestreuen. Das kann ich sogar schon selber. Oft gibt`s bei uns auch Kürbis-Muffins oder sogar Kürbis-Brot, das finde ich aber nicht ganz so lecker.«

Zierkürbisse haben viele verschiedene Formen.

MEIN LIEBLINGSGERICHT NR.1

CHEESEBURGER

(Zutaten siehe rechts)

Burger kann man ganz leicht selber machen!

1 *Hackfleisch, 1 Esslöffel Ketchup und etwas Salz und Pfeffer mit der Gabel in einer Schüssel gründlich vermischen, kurz durchziehen lassen.*

2 *Burgerbrötchen durchschneiden. Die Pfanne ohne Fett auf eine Herdplatte stellen, auf mittlere Hitze schalten und die Brötchenhälften mit der weichen Innenseite nach unten darin 2-3 Minuten rösten. Herausnehmen und beiseite legen.*

3 *Salatblätter waschen, mit Küchen papier trocknen. Tomate waschen, quer in feine Scheiben schneiden (die letzte Scheibe mit dem grünen Stielansatz wegwerfen). Essiggurke längs in feine Scheiben schneiden, alles auf einen Teller legen.*

4 *Die restlichen 2 Esslöffel Ketchup mit Mayonnaise und Senf in der zweiten Schüssel gut vermischen.*

5 *Jetzt mit angefeuchteten Händen aus dem Hackfleisch zwei gleich große, flache Burger formen. Pfanne mit Küchenpapier auswischen, dann mit 1 Esslöffel Öl wieder auf den Herd stellen. Auf mittlere Hitze schalten, die Burger hineinlegen und auf jeder Seite 4-5 Minuten braten.*

6 *Die Käsescheibe halbieren, je eine Hälfte auf jeden Burger legen. Herdplatte ausschalten, Deckel auf die Pfanne legen und den Käse kurz schmelzen lassen.*

7 *Die unteren Burgerbrötchenhälften auf die beiden Teller legen, mit Eissalatblättern, je 1 Klecks Burgersauce, Tomaten- und Gurkenscheiben belegen. Cheeseburger und noch je 1 Klecks Sauce darauf geben, die oberen Brötchenhälften darauf setzen, alles leicht andrücken – und wegfuttern!*

DAS SIND DIE ZUTATEN FÜR 2 PORTIONEN:

100 g Rinderhackfleisch · 3 EL Ketchup · Salz · Pfeffer · 2 Burgerbrötchen *(gibt's im Supermarkt)* **· 2 Blätter Eissalat · 1 kleine Tomate 1 Essiggurke · 1 EL Mayonnaise · 1 Msp. Senf · 1 EL Öl ·1 Scheibe junger Gouda** *(ca. 40 g)*

UND ZUM KOCHEN BRAUCHT IHR:

2 Schüsseln · 1 Esslöffel · 1 Gabel · 1 Schneidebrett · 1 beschichtete Pfanne mit Deckel · 1 Küchenmesser · Küchenpapier · 3 Teller

In etwa 15 bis 20 Minuten kann »geburgert« werden!

MEIN LIEBLINGSGERICHT NR. 2

BLAUBEER-MUFFINS

(Zutaten siehe unten)

1 *Backofen auf 200 Grad schalten. 250 Gramm Mehl auf der Küchenwaage abwiegen, mit Salz, Backpulver, Zimt und Zucker in die Rührschüssel geben.*

2 *120 Gramm Butter abwiegen, in den kleinen Topf geben und bei kleiner Hitze schmelzen lassen. Vom Herd nehmen und abkühlen lassen.*

3 *Eier aufschlagen und in die kleine Schüssel geben. 250 Milliliter Milch im Messbecher abmessen. Flüssige Butter, aufgeschlagene Eier und die Milch zum Mehl in die Rührschüssel geben, alles mit dem elektrischen Handrührer gründlich vermischen.*

4 *Blaubeeren im großen Sieb waschen und abtropfen lassen. Vorsichtig unter den Teig rühren.*

5 *16 Muffin-Papierförmchen auf dem Backblech verteilen, pro Förmchen etwa 3 Esslöffel Teig einfüllen. Auf der mittleren Schiene im vorgeheizten Ofen etwa 15 Minuten backen.*

6 *Mit dem Holzspieß in ein Törtchen stechen: Wenn kein Teig am Holz kleben bleibt, sind die Muffins fertig! Blech mit Kochhandschuhen aus dem Ofen nehmen und die Törtchen abkühlen lassen. Mit Puderzucker bestäuben.*

DAS SIND DIE ZUTATEN FÜR 16 MUFFINS:

250 g Mehl · Salz · 3 TL Backpulver · ½ TL Zimt *(gemahlen)*
150 g Zucker · 120 g Butter · 2 Eier *(Größe M)* **· 250 ml Milch**
140 g Blaubeeren · Puderzucker

UND ZUM BACKEN BRAUCHT IHR:

1 Küchenwaage · 1 Rührschüssel · 1 Teelöffel · 1 kleinen Topf
1 Messbecher · 1 kleine Schüssel · 1 elektrischen Handrührer mit Schneebesen · 1 großes und 1 kleines Küchensieb · 1 Esslöffel
1 Backblech · Muffin-Papierförmchen *(gibt's im Supermarkt)*
Topflappen oder Koch-Handschuhe · 1 Holz-Schaschlikspieß

Nach etwa 30 Minuten sind die Muffins zwar fertig gebacken – aber bis zum Reinbeißen müsst ihr euch noch einmal eine halbe Stunde gedulden: Die Törtchen müssen noch abkühlen.

Hollywood

MEIN LIEBLINGSFEST

THANKSGIVING (ERNTEDANKFEST)

4. Donnerstag im November

Danke schön!

Wenn Truthahn, Mais, Kürbis und Preiselbeeren auf dem Tisch stehen, dann weiß man: Es ist *Thanksgiving*-Zeit. Das sind nämlich die typischen Symbole und Speisen des Erntedankfestes. Immer am 4. Donnerstag im November gibt es ein Festmahl, meistens beim Ältesten der Familie.

Maria: »Wir sind einmal an Thanksgiving zu meinem Opa nach Amerika geflogen. Das war aus Deutschland richtig weit. Aber auch in den USA fahren die Familien sehr weit zu ihren Verwandten. Meine Freundin ist einmal 10 Stunden zu ihrer Oma gefahren. Wir wetten vorher immer,

It's hot!
Es ist heiß!

Das braucht man für Muffins: Mehl, eine Waage, Förmchen und viel Hunger!

wer mehr Truthahn isst. Letztes Mal habe ich gewonnen.«

Indianer sei Dank

Der *turkey*, der gebratene Truthahn, wird mit Kastanien oder Brot gefüllt, dazu gibt es Süßkartoffeln, Kürbis, Mais und Cranberries, so eine Art Preiselbeeren.
Die Türen sind mit Maiskolben geschmückt. Mais wird ja auch *Indian Corn*, das Korn der Indianer genannt. Die indianischen Ureinwohner haben vor Jahrhunderten vielen Einwanderern das Leben gerettet, weil sie ihnen gezeigt haben, wie man Mais und andere einheimische Pflanzen anbaut. Im kommenden Herbst war die Ernte dann sehr reich. Und dafür bedankt man sich und feiert Thanksgiving.

Truthahn-Tanz

Maria »Lustig ist es auch, weil wir immer Spiele spielen und Lieder singen, die alle mit Thanksgiving zu tun haben. Zum Beispiel machen wir den Turkey-Walk, da muss man zu Musik wie ein Truthahn laufen. Oder wir machen Eierlaufen, aber nicht mit Eiern, sondern mit Cranberries. Oder wir spielen ›Ich packe meinen Koffer‹, dürfen aber nur Sachen sagen, die zum Erntedankfest passen. Ich sag immer als Erstes ›Marshmallows‹. Meine Oma sagt immer ›Kürbis‹.«

»Trick or treat« – »Streiche oder Süßes« sagt man zu Halloween und hofft auf viele Candies, Lollies und Marshmallows.

VOKABELN

AMERIKANISCHER BUCHSTABENSALAT

DEUTSCH	AMERIKANISCH	AUSSPRACHE
Hallo!	Hello!	hälo
Guten Morgen!	Good morning!	gutt moaning
ja	yes	jäs
nein	no	no
ich	I	ai
du	you	ju
Papa	Daddy	däddi
Mama	Mummy	mammi
Ich heiße ...	My name is ...	mai näim is
Danke!	Thank you!	ßänk you
Bitte!	You`re welcome!	ju a wellkamm
Entschuldigung!	Sorry!	ßorri
Tschüss!	Bye-bye!	bai-bai
Deutschland	Germany	dschörmäni
Amerika	America	ämärika
sehr gut	very good	wärri gudd
Fußball	soccer	ßocka
Waschbär	Racoon	rakuhn
Kürbis	pumpkin	pampkin
Eis	ice-cream	aiskriem
Truthahn	turkey	törki
1, 2, 3	one, two, three	wann, tu, sri

REGISTER

A

Abendessen 60
Abendland 125
Affenbrotbaum 45
Afrikanische Zeit 46
Akan 46
Alpen 29
Alphabet, russisches 96
American Football 144
Anatolien 126
Ankara 126
Antalya 126
Atlantik 29

B

Backen 55
Bäcker 31 f.
Baguette 32
Baikalsee 94
Balalaika 92
Bananenbaum 45
Basare 126
Baseball 144
Basketball 143 f.
Basteln 55
Bastille 38
Beerdigungen 48
Beeren 107
Bier 113
Blaubeeren 107
Blechlawinen 77
Borschtsch 97
Bosporus 125
Boule 27
Brettspiel 46
Brie 33
Brot 32
Büffet-Kunde 113
Butterwoche 102

C

Camarque 29
Capri 62
Chili 75
China 11 ff.
Chinaböller 23
Côte d'Azur 29
Croissant 31

D

Dampfbad,
türkisches 127
Datscha 92
Denglisch 142
Dönerkunde 128
Dorfältester 47
Dreikönigsfest 70 f.

E

Eiffelturm 28 f.
Eis 63 f.
Elba 62
Elche 111 f.
Ente 30
Erntedankfest 150

F

Fahrrad 12
Faluner Rot 109
Fastenmonat 124
Fastenzeit 102
Feinschmecker 32
Ferien 12
Ferragosto 64
Ferrari 62
Fest der Toten 86 f.
Feuerwerk 23
Fiesta Mexicana 75
Flagge 141
Flaschenkürbis 145
Fleischbällchen 113
Fluchen 59
Frankreich 27 ff.
Frösche 108
Fußball 61, 144

C

Geburtstage 75
Geld 110
Ghana 43 ff.
Glögg 119
Glückskekse 12
Glühwein 119

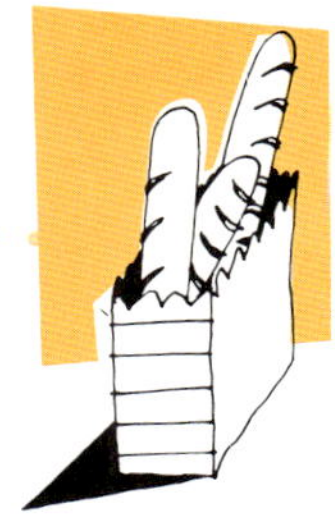

Golden Gate Bridge 141
Gourmand 32
Gourmet 32
Grießbrei 44
Großeltern 123
Gummibaum 45
Gyros 128

H

Hahn 28
Halloween 145
Hamam 127
Haustiere 43
Hawaii 141
Heilkräuter 44
Henna 127
Hexe Befana 70 f.
Hochzeit 124
Honig, türkischer 135
Horoskop 22
Huskys 108

I

Indianer 151
Instrumente 48
Istanbul 125
Italien 59 ff.
Izmir 126

K

Kakaobaum 45
Kakteen 78
Kalender 22
– gregorianischer 94
Kalifornien 141
Käse 27, 33
Kautschukbaum 45
Kebap 128
Kindergarten 28
Kinderwoche 54
Kirchenprogramm 54
Knoblauch 30
Knollen-Kunde 49
Kolabaum 45
Kosenamen 95 f.
Köttbullar 113
Kräuter 27
Kreisverkehr 30
Kronen 110
Kürbis-Kunde 145
Küssen 27
Kwas 97
Kyrillisch 96

L

Lappland 108
Lavendel 27
Lussebullar 119

M

Maibaum 107
Mais 81
Mandarin 14
Maniok 49
Maranello 62
Mariachis 79 f.
Marseillaise 28
Masleniza 102 f.
Mekka 124
Mexiko 75 ff.
Mezcal 7
Milchkaffee 31
Milchreis 44
Mittsommer 107
Mode 61
Mondkalender 135
Montezuma 75
Morgenland 125
Moscheen 124
Moskau 94
Musiker 79
Musikschulen 92
Muslime 124, 128

N

Nachos 81
Nacht des Hundes 87
Naismith, James 144
Nationalfeiertag 38

Nationalgerichte 97
Nationalgetränk 127
Nationalhymne 28, 62
Nationaltier 28
Neujahr 22
New York 140 f.
Noten 91
Nudeln 23, 65

O

Okroschka 97
Okzident 125
Orient 125
Ostern 102

P

Palmensorten 45
Papageien 43
Papst 62
Paris 28 f.
Pastakunde 65
Pastis 27
Pauken 11
Pfadfinder 140
Pfannkuchen 97, 102
Pfeffersorten 44
Piñata 75 f.
Pinkelpause 30
Pizza 59
Po 62
Predigt 55
Provence 29
Pyrenäen 29

R

Ramadan 124 f.
Regenwald 45
Reis 17, 23
Religion 54
Revolution, französische 38
Russland 91 ff.

S

Salami 60
San Francisco 141
Sankt Petersburg 94
Santa Lucia 120 f.
Sardinien 62
Savanne 45
Schach 92
Schachtelpuppen 94
Schlangen 12
Schleifen 91
Schlittenhunde 108
Schriftzeichen 14
Schtschi 97
Schuhe 61
Schuluniform 43, 91
Schumacher, Michael 62
Schwalben 12
Schwalbennester 12
Schweden 107 ff.
Schwedenrot 109
Seen 109
Siesta 76
Singen 47
Sizilien 61 f.
Smörgåsbord 113
Soccer 144
Sommerferien 140
Sport 92
Stäbchen 15 f.
Stockholm 109 f.
Suppen-Kunde 97

T

Tanzen 47
Taro 49
Tee 22, 127
Tequila 76
Texas 141
Thanksgiving 150
Tierkreiszeichen 22
Todesbrot 87
Toiletten 30
Tomaten 128
Tortillas 81
Transsibirische Eisenbahn 94
Traumprinzen 108

Troll 107
Trommeln 48
Truthahn-Tanz 151
Türkei 123 ff.
Tuthahn 151

U

Ureinwohner 151
Urlaub 64
USA 139

V

Vaternamen 96
Venedig 60, 62
Vokabeln
– amerikanisch 153
– chinesisch 25
– französisch 41
– ghanaisch 57
– italienisch 73
– russisch 105
– schwedisch 121
– spanisch 89
– türkisch 137
Vorschule 139
Vulkane 78

W

Wanderdüne 29
Waschbären 139
Washington 141
Weiße Nächte 94
Wichtel-Weihnacht 119
Winter 108
Wolga 94
Wolkenkratzer 140
Wundermittel 78

Y

Yams 49

Z

Zeitzonen 92
Zensuren 91
Zierkürbisse 145
Zöpfe 43
Zuckerfest 134 f.

REZEPTE

a = amerikanisch
c = chinesisch
f = französisch
g = ghanaisch
i = italienisch
m = mexikanisch
r = russisch
s = schwedisch
t = türkisch

Afrikanische Ananas-Limonade (g) 50
Blaubeer-Muffins (a) 148
Blitz-Pizza (i) 66
Cheeseburger (a) 146
Chili con carne (m) 82
Fruchtspießchen mit Erdnuss-Dip (g) 52
Karlssons Fleischbällchen mit süßer Sauce (s) 114
Knusper-Mais mit Avocado-Dip (m) 84
Mittelmeer-Baguette (f) 36
Orangina-Gelato (i) 68
Pfannen-Döner (t) 130
Reissuppe »Shanghai« (c) 18
Russische Eier (r) 100
Sauerkrauttopf »Schtschi“ (r) 98
Schokomousse (f) 34
Schwedische Fischbrötchen (s) 116
Tsingtao-Frühlingsröllchen (c) 20
Türkischer Joghurt-Drink (t) 132

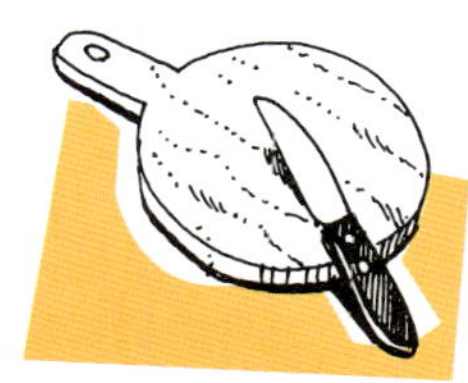

FSC
Mix
Produktgruppe aus vorbildlich bewirtschafteten Wäldern und anderen kontrollierten Herkünften

Zert.-Nr. SGS-COC-1425
www.fsc.org

Verlagsgruppe Random House FSC-DEU-0100
Das für dieses Buch verwendete FSC-zertifizierte Papier
Opus Praximatt (FSC) liefert Condat, Frankreich

1. Auflage

Herausgeber: ELTERN und ELTERNfamily, Gruner + Jahr AG & Co KG, München
Umschlagfoto: Bärbel Büchner
Umschlaggestaltung: Petra Dorkenwald
Texte: Birgit Hasselbusch (Hinweis: Die Zitate stammen aus zahlreichen verschiedenen Interviews. Sie sind redaktionell bearbeitet und geben nicht die Aussagen der fotografierten Kinder wieder.)
Rezepte: Cornelia Trischberger
Fotos: Bärbel Büchner, außer: S. 12, 13, 28 links, 29, 60 links, 61, 76 rechts, 77, 87 oben, 92 rechts, 93, 109, 125, 134, 140 links, 141 (photodisc), S. 45, 46, 48, 92 links (Petra Dorkenwald), S.14 (Südwest Verlag, Claudia Rehm)
Illustrationen und Gestaltung: Petra Dorkenwald
Styling: Claudia Juranits, Kristina Babics, Christine Nidhoff-Lang
Reproduktion: Lorenz & Zeller, Inning a.A.
Druck und Bindung: Mohn Media GmbH, Gütersloh
Printed in Germany
ISBN 978-3-442-39140-0

www.mosaik-goldmann.de

CHINA
FRANKREICH
GHANA
ITALIEN